Joachim Jahnke

DIE WAHRHEIT, NICHTS ALS DIE WAHRHEIT!

Persönliche Erfahrungen in einer zunehmend globalisierten Welt - 2. Auflage

*Bibliografische Information der Deutschen Nationalbibliothek:
Die Deutsche Nationalbibliothek verzeichnet diese Publikation in
der Deutschen Nationalbibliothek, detaillierte bibliographische
Daten sind im Internet über http://dnb.d-nb.de abrufbar.*

© Joachim Jahnke
Herstellung und Verlag: BoD – Books on Demand, Norderstedt
ISBN: 9783743181106

Inhalt

Einleitung 5

1. 1965 -1968: Frühe Erfahrungen mit der Globalisierung in Köln und Paris 7
Gastarbeiter als Globalisierungsvorreiter 7
An der ENA 9

2. 1969 – 1970: Bundeswirtschaftsministerium und die europäische Montanunion 12
Als „Hilfsreferent" in Europa 12

3. 1971: Die EU-Kommission von Innen 13
Globaler Krieg der Währungen 14

4. Osteuropa: Global nach Osten 15
Osthandel 15
Deutsch-sowjetische Wirtschaftskommission 17
Anfänge der neoliberalen Phase von Globalisierung 18

5. 1983 – 1989: Luft- und Raumfahrt global 20

6. 1989 - 1993: Die Dritte Welt und die Globalisierung 23
Globalisierung der Dritten Welt - Eine zweifelhafte Bilanz 23
Südafrika, Saudi-Arabien 25
Die Welthandelsorganisation als Motor der Globalisierung 27
Ein Kardinalfehler der Globalisierung: China und die WTO 29

7. 1989 – 1993: Rüstungsexport 30
Globale Ausbreitung von Massenvernichtungstechnologie 30
Gesamtdeutsche Erfahrungen kurz vor Ende der DDR 35
Globalisierung nach Osten 36

8. 1991 – 1993: EBWE und London als Mekka der Globalisierung, die ersten Jahre 37
Die „glitzernde Bank" 38
Eine total andere Kultur 40
Globale Spekulation 40
Steueroasen 41
Global enthemmte Banken 42

9. 1993 – 2002 EBWE: Die letzten von 10 Jahren 44
Russlands schwere Krise 44
Horst Köhler kommt 45
Sorge um die Umwelt 46
Nukleare Sicherheit 48
Die Anfänge des globalen Protestes 49

10. 2005 – heute: Mein Privatkrieg gegen die neoliberale Globalisierung 50
Mein Buchkrieg 50
Ein Buch für die Gewerkschaften 53
Seit 2005: Das Infoportal und die Rundbriefe 55
Themen und Streitpunkte 57
Globalisierung und China 57
Der Euro und seine Krisen 59
Bildung und Mobilität 61
Soziale Aufspaltung 64
Probleme mit der Migration 66
Eine sich zuspitzende Umweltkrise 68

Nachwort und Nachdenkliches 70

Anhang: Frühe Prägung 72

Anhang: Zwei Rundbriefe 77

Einleitung

So wie die Globalisierung ein globales Unternehmen ist, so findet auch die Propaganda für sie seit vielen Jahren mit ähnlichen Argumenten global statt. Ich habe mit meinen Büchern, Rundbriefen und der Webseite seit fast zwölf Jahren gegen die damit verbundene Verdummung angeschrieben. Den Menschen aus den Entwicklungsländern wird fälschlich eingeredet, sie würden nur so aus der Armut gehoben werden können, denen in den entwickelten Industrieländern, sie wären Gewinner der fortschreitenden Globalisierung, als gäbe es nicht ähnlich viele Verlierer. Die Propaganda kam und kommt aus allen Rohren und findet umso mehr auf fast denselben Wellenlängen um den Globus herum statt, als auch die hauptinteressierten Multis überall in den Stellungen sind und fast die gleiche Sprache sprechen oder durch ihre Regierungen sprechen lassen. Die Völker frassen es ihnen jahrzehntelang verdummt aus den Händen.

Kaum eine wirtschafts-politische Entwicklung war in Deutschland so lange so märchenumwoben wie die der Globalisierung. Wir alle galten als absolute Profiteure, besonders wir Deutschen wegen unserer Exportüberschüsse, obwohl von dem Ertrag durch faule Kredite und Währungsbewegungen viel wieder verloren gegangen ist und der negative Lohndruck der Niedriglohnkonkurrenz den sozialen Graben in Deutschland immer weiter aufgerissen hat. Die Gottväter der Wirtschaftswissenschaften, die Regierungen, die Medien und erst recht die eigentlichen Profiteure, nämlich die Wirtschafts- und Finanzunternehmen, hatten sich bei uns für die Richtigkeit solcher Sprüche verbürgt.

Ich selbst konnte allerdings über die vergangenen 50 Jahre, meist als Insider dieser Entwicklung, immer wieder in deren finstere Abgründe blicken. Dieser Rückblick auf persönliche Erfahrungen geht durch meine zehn in dieser Hinsicht unterscheidbaren Lebens- und Berufsphasen von 1965 bis heute. Meine soziale Einstellung ist in sehr jungen Jahren durch die eigene Lebenserfahrung geprägt worden; dazu mehr im Anhang.

Als ich die Schlusszeilen am Ende des Jahres 2016 schrieb, wurde mir sehr bewußt, in welchem Krisenmodus wir derzeit leben: Kriege im Nahen Osten und ihre Flüchtlingswellen, Terroranschläge, massive Wirtschaftsmigration sogar aus Afrika, die soziale Krise wachsender Ungleichheit und ausgebremster Aufwärtsmobilität, Eurokrise, Umweltkrise, Finanz- und Bankenkrisen, schwere weltwirtschaftliche Ungleichgewichte, die durch Globalisierung angerichtet und noch verstärkt werden, ein nuklear aufrüstendes Nordkorea und ein aggressiveres China, Erdogans Gegenterror, Brexit und Trump sowie ähnlichen Bewegungen in Europa. Vieles davon kommt aus meiner persönlichen Sicht in den folgenden Kapiteln vor.

Das Titelbild spiegelt das eines Buches wider, das ich vor 9 Jahren unter dem Titel „Globalisierung: Legende und Wahrheit: Eine Volkswirtschaftslehre für nicht ganz Dumme" geschrieben habe. Wenig wäre daran heute zu korrigieren.

Bangor, im Februar 2017

1. 1965 -1968: Frühe Erfahrungen mit der Globalisierung in Köln und Paris

Die Berufslage für Juristen war 1965 nicht besonders gut. Trotz schöner Examensergebnisse gab es für mich zunächst viele berufliche Absagen. Ich füllte die Zeit, indem ich an der Universität in Köln an meiner Dissertation arbeitete. Es ging dabei um die Rolle der Versicherungen im Völkerrecht. Das war für sich eigentlich schon ein globales Thema. Da erklärte mir gegen Abschluss plötzlich mein Doktorvater, der schon ausgesuchte Co-Referent sei ein deutscher Professor des islamischen Rechts und würde sicher darauf bestehen, dass ich meine Arbeit auch unter dem Blickwinkel des islamischen Rechtes anlegte. Nun kann man sich fragen, warum das islamische Recht schon damals eine solche Rolle an der Kölner Universität spielte. Das hing wahrscheinlich mit der grossen Zahl an türkischen Gastarbeitern zusammen, die gerade dort an den Fliessbändern bei Ford und anderswo arbeiteten oder früher gearbeitet hatten und deren Familien nun dort leben und das möglichst nach islamischem Recht.

Gastarbeiter als Globalisierungsvorreiter

Diese Gastarbeiter wurden nach dem Anwerbevertrag mit der Türkei von 1961 über viele Jahre durch ein deutsches Anwerbebüro aus den Slums um Istanbul geholt, wohin sie sich arbeitslos aus dem rückständigsten Landesteil Anatolien geflüchtet hatten. Dementsprechend hatten sie eine abgeschlossene türkisch-traditionelle Sozialisation hinter sich und holten später Ehefrauen und andere Familienangehörige mit gleich niedrigem Bildungsstand aus der Ost-Türkei nach. Das Anwerbebüro liess die türkischen Gastarbeiter lediglich durch einen Arzt auf Geschlechtskrankheiten überprüfen. Intelligenz war für die Fliessbandarbeit in Deutschland nicht gefragt und eher nachteilig, weil dann mit gewerkschaftlicher Organisation und Streiks um höhere Löhne und bessere Arbeitsbedingungen hätte gerechnet werden müssen. Es war ein starker Akt früher Globalisierung des deutschen Arbeitsmarktes. Natürlich wäre es besser gewesen, wenn die deutsche Industrie in der Türkei investiert und dort die Arbeitsplätze geschaffen hätte. Aber so war es für sie bequemer und ausserdem konnte sie mit den Gastarbeitern die deutschen Arbeiter unter Druck setzen und von Lohnerhöhungen abhalten.

Heute sind sehr viele von ihnen selbst in der zweiten und dritten Generation nicht in Deutschland integriert und leben zu sehr grossen Teilen in abgetrennten Parallelgesellschaften von Grossstadtvierteln. Dort haben sie begonnen, mit ihrer fremden Kultur das Strassenbild zu bestimmen, zumal sie meist strenggläubige Sunniten sind. Wie wenig sie integriert sind, zeigte schon 2010 der Besuch Erdogans in Köln, als er seinen Landsleuten erklärte, „Assimilation sei ein Verbrechen gegen die Menschlichkeit". Viele Bundesländer haben sogar in ihrer Verzweiflung zur Unterrichtung von türkischen Schülern türkische Lehrer angestellt, die türkische Beamte sind und von Erdogans AKP gesteuert werden. Bei der Massenimmigration von Muslimen im Jahr 2015 hat Bundeskanzlerin Merkel die Fehler bei der Integration der Gastarbeiter einräumen und das mit dem Versprechen verbinden müssen, aus diesen Fehlern gelernt zu haben. Leider jedoch werden dieselben Fehler wiederholt werden. Das zeichnet sich schon jetzt ab.

Denn derzeit schafften es im Jahr bis November 2016 nur 34.000 Einwanderer aus den acht wichtigsten nichteuropäischen Asylherkunftsländern, eine Stelle im ersten Arbeitsmarkt zu finden, obwohl über 400.000 als arbeitssuchende Flüchtlinge registriert sind. Von den Erfolgreichen haben 22 % nur einen Job als Leiharbeiter; mehr als die Hälfte arbeiten in wirtschaftsnahen Dienstleistungsbereichen, vor allem im Gastgewerbe. Von den angeblich von der Bundesregierung zu schaffenden 100.000 1-Euro-Jobs sind bisher erst rund

5.000 entstanden. Generell liegt das Median-Arbeitseinkommen der Ausländer über die Flüchtlinge hinaus derzeit auch bei Vollzeitbeschäftigten um mehr als ein Fünftel niedriger als bei einheimischen Arbeitskräften. Im Jahr 2000 hatte der Unterschied noch wenig mehr als 8 % betragen. Selbst als Vollzeitbeschäftigte konnten Ausländer zwischen den Jahren 2000 und 2015 im Schnitt brutto pro Jahr nur wenig mehr als 1 % zulegen. 2015 erhielten schon 36 % der Ausländer nur einen Niedriglohn unter 2.000 Euro und ohne die Westeuropäer wären es noch viel mehr gewesen.

Eine wirklich erfolgreiche Integration sieht ganz anders aus. Was hier passiert, ist schlicht ein Niedriglohnwettbewerb zwischen Flüchtlingen und generell Ausländern auf der einen Seite und Einheimischen auf der anderen, bei dem niemand gewinnen kann, ausser natürlich die Arbeitgeber. Der Profit dieser Form von Globalisierung des Arbeitsmarktes landet also bei den Unternehmen, während die Kosten mangelnder Integration und der überproportionalen Inanspruchnahme der Sozialsysteme von der Allgemeinheit über sehr viele Jahrzehnte zu tragen sind. Es war und ist ein Fall sogenannter Externalisation von Unternehmenskosten, wie er sonst vor allem im Umweltbereich zu beobachten ist.

Da auch die Gastarbeiter von Köln also ein früher Akt von Globalisierung des deutschen Arbeitsmarktes waren, habe ich bei meiner Dissertation und dem mir abverlangten islamischen Recht eine erste Erfahrung mit Globalisierung gemacht.

An der ENA

Die folgenden Jahre 1967 und 1968 waren für mich echte Jahre der Erfahrung mit der europäischen Integration, die ja ihrerseits ebenfalls ein globalisierendes Unternehmen für globale Märkte und Kulturen war und ist. Plötzlich fand ich 1967 zwar keinen Job, dafür aber eine Annonce des deutschfranzösischen Jugendwerkes für ein einjähriges Anschlussstudium an der französischen Verwaltungshochschule ENA in Paris. Die ENA sollte dafür sorgen, dass die höchsten französischen Staatsdiener bis zu den Staatspräsidenten in der gleichen elitären Wolle gefärbt waren und sich zugleich dafür eigneten, französische Interessen in internationalen Organisationen, vor allem in der Europäischen Union, kraftvoll durchzusetzen. Die deutsche Bundesverwaltung sah mit Neid auf die elitären französischen Produkte und dachte unter Kanzler Kiesinger zeitweise darüber nach, ein gleiches System in Deutschland einzuführen. Dazu kam es dann nicht, zumal es nicht zum deutschen Föderalismus gepasst hätte. Immerhin aber stellten die Bonner Ministerien sehr gern Nachwuchs ein, der an der ENA gewesen war, was auch mir später zum Berufseinstieg beim Bundeswirtschaftsministerium verhalf.

Also machte ich mich von Berlin aus nach Bonn auf die Reise, um dort erfolgreich die Aufnahmeprüfung des Deutschen Akademischen Austauchdienstes für die ENA zu durchlaufen. Im Herbst 1967 in Paris angekommen, gehörte ich zu einer etwa ein Dutzend Männer (keine Frauen!) starken deutschen Gruppe an der ENA. Sie setzte sich überwiegend aus Beamten zusammen, die direkt aus deutschen Ministerien kamen. Wir waren wenig in den französischen Betrieb integriert, zumal unsere französischen Kollegen ständig benotet und nach Rangfolge geordnet wurden und deshalb wenig Zeit für uns hatten. Für Zeitvertreib sorgte dagegen der Mai 1968 mit dem gewaltigen Studentenaufstand. Alles streikte, auch die ENA unter einer frisch über dem Dach aufgezogenen roten Fahne. Viele deutsche Kollegen waren als Beamte unsicher, ob sie sich überhaupt an einem Streik beteiligen durften. Da aber auch der öffentliche Verkehr eingestellt war, erledigte sich das Problem auf diese Weise.

An der ENA begriff ich auch, wie wenig die französische Wirtschaftsphilosophie mit der deutschen übereinstimmte. Eine höhere Inflationsrate galt als geeignet, um leichter private und vor allem staatliche Investitionen zu finanzieren, weil sich dann das Kreditvolumen real über die Inflationsrate verkürzt. Dagegen verband sich Inflation in Deutschland mit einer schon hysterischen Erinnerung an die Hyperinflation zwischen den Weltkriegen. Als ich später noch vor Einführung des Euro bei einer Konferenz in Deutschland Hans Tietmeyer, damals Staatssekretär im Bundesfinanzministerium und einer der Väter des Euro, die wirtschaftspolitische Annäherung beider Länder preisen hörte, stellten sich bei mir sofort Zweifel ein. Waren das die Illusionen, die zum Euro führen würden?

Was hatte nun die ENA mit der Globalisierung zu tun? Sie zeigte uns, wie stark sich Frankreich zugleich auf seine Rolle in den globalen Organisationen vorbereitete und dass dies nicht im europäischen sondern allein im französischen Interesse erfolgte. So wurde ich damals schlagartig aus meinen eigenen internationalistisch-europäischen Träumen gerissen. Europa war für unsere deutsche ENA-Gruppe aus dem geteilten Lande noch die erträumte neue Heimat gewesen. Doch hier war zu erleben, wie fest der Nationalismus in Frankreich weiterhin verankert war. Immer wieder musste ich später in verschiedenen Ländern die gleiche Erfahrung machen: Die deutschen Träume von Europa wurden und werden bei unseren Nachbarn nicht geteilt. Wenn man damals die EU schätzte, dann wohl mehr als wirtschaftliches Bollwerk gegen den Kommunismus der Sowjetunion. Als sich später der grüne Aussenminister Fischer für ein föderales Europa aussprach, erntete er im Resteuropa nur ungläubige Verwunderung und fast ausschliesslich Ablehnung. Am Ende freute ich mich in meinem neu erwachenden Schmalspur-Nationalismus über jede schicke Mercedes-Karosse, die ich auf Pariser Strassen sehen konnte.

An der ENA musste ich mit einem deutschen Kollegen noch einen Vortrag über das Für und Wider der Zusammenarbeit mit der Dritten Welt vorbereiten. Auch das liess die Globalisierung anklingen, denn damals wurde Globalisierung vor allem als eine Fürsorge für die leidgeplagte Dritte Welt verkauft. In Deutschland gilt Globalisierung heute noch fälschlich und weitverbreitet nur als eine für uns nicht nachteilige Form von Entwicklungshilfe im Nord-Süd-Verhältnis.

2. 1969 – 1970: Bundeswirtschaftsministerium und die europäische Montanunion

Mit dem ENA-Stempel im Rücken war das Bundeswirtschaftsministerium auf einmal an meiner Mitarbeit interessiert. Es war noch eine ziemlich verstaubte Organisation, die in dieser Hinsicht den Neuankömmling aus der Pariser „Revolution" zum Jahresanfang 1969 ziemlich unangenehm überraschte. Mein Vorgesetzter schrieb mir Vorgänge noch mit der Notiz „zur geflissentlichen Kenntnisnahme" zu. Die Hierarchie der Beamtenstufen war lang, der Minister für einen normalen Beamten kaum zu treffen. Die deutsche Beamtenschaft galt schon seit Max Weber als ein stabiler Faktor, weil sie den internen Streit um die Karrieren durch das Prinzip der Beförderung nach Lebensalter ersetzt hatte.

Das Bundeswirtschaftsministerium war noch in einer alten Kaserne untergebracht, durch deren einglasige und zugige Scheiben im Winter die Kälte eindrang. Deutschland machte mit dieser Kulisse bei internationalen Konferenzen sehr bewusst auf klein. Anders als heute Berlin, war damals in Bonn keine Spur deutscher Grossmannssucht zu entdecken.

Als „Hilfsreferent" in Europa

Mit einer meiner ersten Funktionen als „Hilfsreferent" gelangte ich sofort ins Herz Europas und seiner Globalität. Ich diente im Referat für die Europäische Gemeinschaft für Kohle und Stahl, die ein erster intensiver Globalisierungsversuch in Europa gewesen war. In vielen Brüsseler Konferenzen bemühten wir uns immer wieder, den eigentlich fest vereinbarten Kokskohlebeitrag der Nachbarn einzutreiben. Denn die Abnehmerländer deutscher Kokskohle von Ruhr und Saar schuldeten uns einen Subventionsbeitrag für die international nicht mehr konkurrenzfähige deutsche Kokskohle. So gab es immer wieder sehr zähe und lange Sitzungen, die bis über Mitternacht anhielten und erst in der allgemeinen frühmorgentlichen Ermattung zu Ergebnisse führten, die dann noch mit Champagner begossen wurden. Freilich hatte ich mir Europa anders vorgestellt. Die umständlichen Bahnfahrten mit Umsteigen in Köln und Lokomotivwechsel hinter Aachen konnten einem ebenfalls europäische Neigungen austreiben. Es war jedenfalls für den trotz ENA immer noch nachglühenden Europäer, der ich war, eine sehr harte Landung, bevor ich dann später immer wieder ähnliche Erfahrungen sammeln musste.

3. 1971: Die EU-Kommission von Innen

So europäisch bereits vorbereitet, schickte mich das Ministerium im Frühjahr 1971 für ein Vierteljahr in das Kabinett des Ersten Vizepräsidenten der EU-Kommission Haferkamp. Wenn noch Augen für die europäischen und globalen Realitäten geöffnet werden mussten, hier konnte es geschehen. In der Kommission tobte gerade ein verbiesterter Kampf zwischen den „Alteuropäern", zu denen Haferkamp von der SPD zählte, sowie dem zweiten deutschen Kommissar Dahrendorf von der FDP. Letzterer warf mit einem anonymen und doch schlecht versteckten Absender per Brandbrief Steine auf die Alteuropäer. Die Kommission wurde von Dahrendorf als „Einrichtung" verhöhnt, die „eher Mitleid als Respekt abnötigt". Er plädierte vor allem für ein „zweites Europa" in mehr internationalen als supranationalen Formen, weniger ein Europa der Brüsseler Illusionen und Institutionen als ein Europa, in dem sich der Wille der beteiligten Regierungen zu fortschrittlichen Programmen verdichtet. Eine supranationale Bürokratie als solche könne nicht europäische Lösungen zustande bringen. Schon diese bissige Diskussion war für mich sehr ernüchternd.

Mir fiel zudem sehr bald auf, dass der eigentliche Motor der Kommission die regelmässigen Beratungen der Kabinettchefs war, im Fall von Haferkamp sein Kabinettschef Lahnstein. Vor allem fiel mir auf, dass sich diese Entscheidungsträger immer kraftvoll einschalteten, wenn die Interessen jeweils ihres eigenen Landes berührt waren und dann selten das gemeinsame Wohl zählte. Ich war also wieder eine Illusion losgeworden.

Das ganze Präsidium der Kommission spielte sich übrigens im obersten 13. Stock des Berleymont Gebäudes ab. Die Kommissare und ihre Mitarbeiter kamen dorthin in eigenen direkten Fahrstühlen, die niemand sonst betreten durfte. Auch genossen die Kommissare das teure Privileg, sehr oft mit eigens angemieteten Jets zu reisen. Auch die Beamten der Brüsseler Mamutbehörde erfuhren alle Sonderbehandlungen, die aus den jeweiligen Hauptstädten zusammengetragen wurden. Wenn man aus der vergleichsweise armen Bonner Bürokratie kam, war das schon sehr erstaunlich.

Globaler Krieg der Währungen

Hinzu kam das Versagen der EU-Kommission und der EU insgesamt bei der schweren Währungskrise, die ich damals 1971 in Brüssel miterlebte. Die starke Überbewertung des US-Dollars bewirkte einen so massiven Kapitalabfluss nach Europa, dass er die wirtschaftliche Stabilität der Länder mit starker Währung erschütterte. Deutschland musste die Notierung des Dollarkurses aussetzten, was faktisch die Freigabe des Wechselkurses der D-Mark bedeutete, obwohl dies dem in der EU vereinbarten Grundsatz zuwiderlief, wonach ein System mit flexiblen Wechselkursen innerhalb des gemeinsamen Marktes mit dessen Zielen unvereinbar war. Doch die französische Regierung hielt ihrerseits eisern am Grundsatz fester Wechselkurse und an der Einführung von Kontrollen des Kapitalverkehrs fest. Es kam also zu keiner gemeinsamen Haltung. Die EU-Kommission spielte in dieser schweren Krise der EU praktisch keine Rolle. Der für die Währungsfragen zuständige Kommissar Haferkamp war zunächst auf Sardinien im Urlaub und war eigens mühsam per Sonderflugzeug nach Brüssel geholt worden.

Die Zerstrittenheit der EU von damals erscheint auf der Basis unserer heutigen Erfahrungen freilich nur als ein „Déjàvu". Das Bestehen Frankreichs auf Wechselkursvorteilen gegenüber dem US Dollar findet noch heute sein Gegenstück in der von Frankreich beeinflussten Niedrigzinspolitik der EZB, die zugleich den Kurs des Euro unten hält. Anders als Deutschland braucht Frankreich für seinen Aussenhandel eine schwache Währung, wobei der Konflikt in der Zinspolitik zunehmend den Euro unterminiert.

Auf diese Weise doppelt und nachhaltig über den Wert von Supranationalität in Zeiten zunehmender Globalisierung aufgeklärt, kehrte ich ins Bundeswirtschaftsministerium nach Bonn zurück.

4. Osteuropa: Global nach Osten

Dort wartete auf mich eine hochinteressante Beschäftigung mit der Aussenwirtschaftspolitik, die Teil der deutschen auf Globalisierung ausgerichteten Gesamtstrategie war. Es ging um die Entwicklung der Wirtschaftsbeziehungen zu dem noch kommunistischen Osteuropa.

Osthandel

Es mussten Wege gefunden werden, Produkte in unseren Markt zu lassen, obwohl sie nicht zu marktwirtschaftlichen Kosten produziert worden waren und sich daher unsere heimischen Produzenten und ihre Verbände gegen die als unfair betrachtete Konkurrenz wehrten. Also wurden mit allen diesen Ländern jährliche Mengenkontingente für den Import in die Bundesrepublik ausgehandelt. Dabei erhielt die sogenannte Lohnveredelung, mit der im Textil- und Lederbereich in Osteuropa vorfabriziert und dann an unsere Produzenten statt direkt auf den Markt geliefert wurde, eindeutig Vorfahrt. So baute sich bereits der Hinterhof auf, mit dem die deutsche Industrie heute in der Globalisierung prosperiert. Man denke nur an die Autofirmen, die in Osteuropa kostengünstig produzieren lassen.

Ich nahm auch an den Verhandlungen statt, die mit Ungarn zur Aufnahme des ersten osteuropäischen Landes in das GATT führten. Das GATT als Vorläufer der heutigen Welthandelsorganisation (WTO) war schon das Mekka der Globalisierung. Bei unseren zahlreichen Reisen nach Osteuropa spürten wir bereits die starke Attraktion des Westens auf die dortige, in schwierigen Verhältnissen lebende Bevölkerung. Osthandel war in der Philosophie der sozialliberalen Bundesregierung ein wichtiger Teil ihrer Ostpolitik, die Jahre später zur Wiedervereinigung führen sollte. Eine von mir für das Ministerium vorbereitete Broschüre trug den bezeichnenden Titel „Osthandel, Ostpolitik in der Praxis". Ich wurde ein begeisterter Anhänger dieser von Willy Brandt und Egon Bahr gestalteten Politik und trat aus Begeisterung damals in die SPD ein, die ich später aus Protest gegen die unsoziale Agenda-Politik von Gerhard Schröder wieder verliess.

Im Ministerium, das eine überwiegend konservativ eingestellte Mannschaft hatte, gab es erhebliche Vorbehalte gegen Brandts Ostpolitik. Einige Male wurde uns, die wir im Ministerium auf diesem Felde arbeiteten, unterstellt, Spione der Kommunisten zu sein. Auf unseren Reisen nach Osteuropa mussten wir uns auch der jüngeren deutschen Geschichte stellen. So reiste ich im Gefolge von Helmut Schmidt nach Auschwitz und Birkenau, von wo er an einem düsteren Wintertag in der Nähe der gesprengten Krematorien in Begleitung von Herbert Wehner eine Fernsehrede an das polnische Volk hielt, die erste eines deutschen Bundeskanzlers. Ein anderes

Mal lief ich über den riesigen Piskarjowskoje-Gedenkfriedhof, wo die Gebeine von 470.000 Menschen bestattet sind, die während der Belagerung Leningrads im Zweiten Weltkrieg durch deutsche Truppen grausam ums Leben kamen, zumeist verhungert.

Deutsch-sowjetische Wirtschaftskommission

Eine meiner Funktionen war die Rolle eines Sekretärs der Deutsch-Sowjetischen Wirtschaftskommission auf Ministerebene, an der die Wirtschaft hochrangig beteiligt war, von Berthold Beitz bis zu den Chefs der Deutschen Bank Christians und Herrhausen. Wir ebneten den gigantischen Gas-Röhren-Geschäften den Weg, mit denen russisches Gas nach Westeuropa kam und die deutsche Stahlindustrie einen wichtigen Absatzmarkt fand. Ich bekam Breschnew aus der Nähe zu sehen, kein Vergleich mit der jugendlichen Darstellung auf den Propaganda-Plakaten, die überall in Moskau zu sehen waren. Viele Male war ich in Moskau oder auf Reisen bis nach Sibirien. Die Stimmung zwischen beiden Ländern war meist grossartig. Wir waren eher die „guten Deutschen", während die aus der DDR als überhebliche Erfinder des Kommunismus verschrien waren. Anders als bei den kleineren osteuropäischen Ländern, wo man immer wieder an die deutsche Vergangenheit erinnert wurde, gab es im Kontakt mit den russischen Partnern keine erkennbaren historischen Ressentiments.

Nur das Problem mit der Einbeziehung Westberlins war nicht zu lösen, weil hier Gromyko mit Rücksicht auf die DDR sein „Njet" einbrachte. So gelang es auch nicht, das Projekt eines von der deutschen KWU in Königsberg zu bauenden Kernkraftwerks, aus dem Strom über Westberlin ins Bundesgebiet geliefert werden sollte, zu realisieren. Immerhin konnte Westberlin aber später in das Gasnetz aus der UdSSR eingeschlossen werden.

Die Wirtschaftsbeziehungen mit Osteuropa waren eine gute Seite der anlaufenden Globalisierung. Durch eine kontrollierte Liberalisierung der Märkte halfen sie den ärmeren Ländern Osteuropas ebenso wie der westdeutschen Wirtschaft, ohne die eigenen Märkte unfair mit gedumpten Billigprodukten zu fluten, wie es später leichtsinnig bei China zugelassen wurde.

1971 wurde ich Referatsleiter für die Zusammenarbeit mit Ost-Europa und wenig später der bis dahin jüngste Ministerialrat im Bundeswirtschaftsministerium. Von 1977 an arbeitete ich eng mit Bundeswirtschaftsminister Graf Lambsdorff zusammen und begleitete ihn auf vielen Reisen nach Osteuropa und vor allem in die UdSSR. Sein Grossvater war im Zarenreich russischer Aussenminister gewesen, was sein Interesse an diesem Land noch zusätzlich beförderte.

Anfänge der neoliberalen Phase von Globalisierung

Im September 1982 legte Lambsdorff sein „Konzept für eine Politik zur Überwindung der Wachstumsschwäche und zur Bekämpfung der Arbeitslosigkeit" vor, mit dem die sozialliberale Koalition aufgelöst wurde und die schwarze Wende zu Helmut Kohl kam. Sein eigentlicher Autor im Ministerium war der Leiter der Grundsatzabteilung Tietmeyer, der - obgleich CDU-Mann - unter Helmut Schmidt Karriere bis in politische Beamtenpositionen hinein machen konnte und dann unter Kohl Staatssekretär und später Chef der Bundesbank wurde und bis 2012 Vorsitzender des Kuratoriums der neoliberalen „Initiative Neue Soziale Marktwirtschaft" war. Das Lambsdorff-Papier sah u.a. eine „Verteidigung und Stärkung des offenen, multilateralen Welthandelssystems und aktives Vorgehen gegen protektionistische Bestrebungen" vor. Damit wurde die neoliberale Globalisierung auch in Deutschland endgültig eingeläutet. Vieles aus diesem Papier wurde später unter Kohl und Schröder mit dessen Agendapolitik umgesetzt.

Lambsdorff war Mitglied der „Trilateral Commission", einer der wichtigsten Motoren für eine globalisierte Welt. Sie war 1973 auf Initiative von David Rockefeller bei einer Bilderberg-Konferenz als private, politikberatende Denkfabrik gegründet worden und umfasste rund 400 höchst einflussreiche Mitgliedern aus den drei grossen internationalen Wirtschaftsblöcken Europa, Nordamerika und Japan sowie einige ausgesuchte Vertreter ausserhalb dieser Wirtschaftszonen. Auf diesem Weg verbindet die Trilaterale Kommission erfahrene politische Entscheidungsträger mit dem privaten Sektor. Dabei wirkte sie als Verstärker des sogenannten „Washington Consensus", des ersten grossen wirtschaftspolitischen Schrittes westlicher Regierungen in eine neoliberal zu globalisierende Welt.

Als eine Auflistung neoliberaler Prinzipien zur Förderung von wirtschaftlicher Stabilität und Wachstum wurde der Consensus in den 80er Jahren unter den Gesellschaftern des Internationalen Währungsfonds und der Weltbank für die Anwendung bei Hilfen an Entwicklungsländer vereinbart. Er sollte also global gelten. Der Katalog sah zentral die Liberalisierung der Handelspolitik durch Abbau aller Beschränkungen sowie eine Liberalisierung der Finanzströme, die in den schwachen Ländern einer Konsolidierung der Währungen durch Abwertung folgen sollte, vor. Allgemein sollten alle Märkte total dereguliert werden. Einzelmassnahmen umfassten: Nachfragedrosselung und Kürzung der Staatsausgaben, Verbesserung der Effizienz der Ressourcennutzung in der gesamten Wirtschaft durch Rationalisierung und Kostenökonomie, Liberalisierung der Handelspolitik, Deregulierung von Märkten und Preisen einschliesslich der Abschaffung von Preissubventionen für Grundbedarfsartikel, Privatisierung öffentlicher Unternehmen und Einrichtungen, Entbürokratisierung und Abbau von Subventionen. Mit dem Aufstieg der „Neuen Rechten" wurde dieser Katalog von Globalisierungsforderungen durch Reagan und Thatcher unverändert auf die USA und Grossbritannien übertragen und später ebenso zum Lehrbuch der politischen Eliten in den meisten anderen Ländern, auch in Deutschland.

5. 1983 – 1989: Luft- und Raumfahrt global

Nach zehn Jahren im Osteuropa-Bereich des Bundeswirtschaftsministeriums war ich 1983 für einen Wechsel reif. Ich wurde nun Ministerialrat und Referatsleiter für die Luft- und Raumfahrtindustrie. Dazu gehörte vor allem die finanzielle Absicherung des multinationalen Airbus-Programms, bis heute das einzige kommerziell erfolgreiche europäische Unternehmen mit globaler Partnerschaft. Das ging und geht nicht ohne Spannungen, weil es auf dem Weltmarkt ein Dauertauziehen mit dem Konkurrenten Boeing gab und gibt und weil die Arbeitsteilung innerhalb des Programms vor allem zwischen Deutschland und Frankreich umstritten war. Frankreich hatte sich die Filetstücke mit besonderem Hightech-Gehalt, vor allem das Cockpit, reserviert und auch den Firmensitz in Toulouse, wo die Endmontage der meisten Flugzeuge stattfand. Erst mit der A 320 hat sich das Gewicht bei der Endmontage nach Hamburg verlagert.

Die deutsche Beteiligung litt vor allem an fehlender industrieller Führerschaft, weil die deutsche Flugzeugindustrie nach dem Zweiten Weltkrieg nur mit einigen wenig erfolgreichen kleineren Flugzeugen an die Märkte zurückfand und praktisch keine Militärflugzeuge produzierte. Im Ergebnis war sie in hohem Umfang von staatlicher Unterstützung abhängig, die von ihrem Schirmherrn Franz-Josef Strauss in Bonn eingetrieben wurde. Strauss war Aufsichtsratsvorsitzender der Deutschen Airbus in Hamburg und des Konsortiums Airbus Industrie in Toulouse. Für die Bundesregierung wurde es ein teures Engagement. Der von mir im Ministerium verwaltete Etat stieg zeitweise auf über eine Mrd. DM pro Jahr. Wir versuchten daher, einen privaten Partner unter den deutschen Unternehmen zu finden. Trotz des anfänglichen Widerstands von Strauss gelang es, die deutsche Programmbeteiligung unter Führung von Daimler-Benz zu privatisieren. Ich bin dabei einige Male Strauss über den Weg gelaufen, der damit nicht sehr glücklich zu sein schien. Jedenfalls wurde es für die Bundesregierung nun weniger kostspielig.

Inzwischen ist das Programm so erfolgreich, dass die staatlichen Kredite, ohne die das Airbusprogramm nie hätte starten können, ohnehin sehr an Bedeutung verloren haben. Trotzdem streiten sich Airbus und Boeing noch immer in der Welthandelsorganisation und werfen sich gegenseitig eine unerlaubte staatliche Unterstützung vor. Ich bin selbst oft nach Genf in die Sitzungen gefahren. In der Regel kamen jedoch nur gute Essen heraus, für die vor allem die französischen Kollegen sorgten. Dank des äusseren Gegners Boeing stimmte jedenfalls die Chemie unter den Regierungen des Airbusprogramms hervorragend.

Meine Tätigkeit schloss viele Reisen an die verschiedenen Airbus-Standorte ein. Dazu gehörte ein Testflug auf einer noch nicht mit den normalen Sitzen und der Innenverkleidung ausgerüsteten A 320. Der Testpilot wollte uns beeindrucken und zog die Maschine so steil in die Höhe, dass uns das Blut in die Beine lief. Er schwor dabei auf die Sicherheit der automatischen Steuerung, bei der die Befehle des Kapitäns von einem kleinen Hebelchen, das er auf seiner Seite bedient, erst einen Computer durchlaufen, bevor sie an die Aggregate der Maschine weitergegeben werden. Dafür sind mehrere Computer in Reihe geschaltet, um für einander einspringen zu können, falls einer ausfallen sollte. Will beispielsweise der Kapitän die Maschine in eine zu enge Kurve ziehen, so sperrt sich der Computer gegen diesen Befehl, und notfalls muss er mit besonderem Knopfdruck den Computer übergehen, wenn das zum Beispiel nötig wird, um eine Kollision mit einem anderen Flugzeug zu vermeiden. Unser Testpilot klagte darüber, dass das Fliegen durch den Autopiloten sehr langweilig geworden sei und die Flugzeuge selbst am Boden auf den Flughäfen automatisch bis zum Stand gesteuert würden.

Wir besuchten die grossen amerikanischen Unternehmen der Luft- und Raumfahrt und den Raumfahrtbahnhof in Cape Canaveral. Nie vergessen werde ich eine Reise nach Israel, das ebenfalls zur globalen Luftfahrtindustrie zählt. Dazu gehörte ein Besuch der Holocaust-Gedenkstätte Yad Vashem. Mir fiel mit Schreck auf, wie ähnlich in der Form das berüchtigte, dort ausgestellte Wannseeprotokoll den Protollen sah, die die deutsche Regierungsbürokratie noch heute über Ressortgespräche anfertigt. An einem Abend waren wir im Weizmann Institute zu einem Abendessen mit Professoren in fortgeschrittenem Alter eingeladen, die sich aus dem Dritten Reich nach Israel hatten retten können. Mein Tischnachbar war aus Berlin, was auch meine Heimatstadt ist. Es war wirklich kein einfaches Abendessen. Einige sagten, sie wollten nie wieder nach Deutschland reisen.

Wahrscheinlich gibt es keinen Industriezweig in der Welt, der so global operiert wie die Luft- und Raumfahrt. Das ist schon nötig, um die enormen Kosten und Risiken breit über viele Länder und Unternehmen zu streuen. Alles in Allem ist auch das eine sehr erfolgreiche Form von Globalisierung. Sie wirft hohen Nutzen für alle Beteiligten ab und findet praktisch unter der Kontrolle von Streitschlichtungsgremien der Welthandelsorganisation statt. Leider jedoch kann man den Zusammenhang mit militärischen Programmen nicht übersehen. Globalisierung ist jedenfalls umso erfolgreicher, je mehr sie einem wirkungsvollen Management zur Abwehr von unfairem Dumping unterworfen wird. Auch das konnte man hier lernen.

6. 1989 - 1993: Die Dritte Welt und die Globalisierung

Nach sechs Jahren Luft- und Raumfahrt stand ein neuer Wechsel an. Ich wurde als Ministerialdirigent für die Kooperation mit Ländern der Dritten Welt und das Aussenwirtschaftsrecht verantwortlich und war nun einer der Stellvertretenden Leiter der Abteilung für Aussenwirtschaft. Dazu gehörten Verantwortungen für so unterschiedliche Länder, wie Indien, Korea und Saudi-Arabien. Wieder war mir ein rascher Aufstieg geglückt, noch dazu in einen interessanten Bereich hinein.

Globalisierung der Dritten Welt - Eine zweifelhafte Bilanz

Die Armut in der Dritten Welt sollte eigentlich mit der Globalisierung bekämpft werden. Doch dieser Prozess war sehr holprig. Die in der Welthandelsorganisation vereinbarten Handelserleichterungen dienten weit mehr den Industrieländern als der Dritten Welt. Daher blockiert Indien immer noch die derzeitige Vertragsrunde, die sogenannte Doha-Runde. Im Landwirtschaftsbereich hat die Globalisierung den Entwicklungsländern sogar erheblich geschadet, weil viele bäuerliche Unternehmen mit der Konkurrenz der subventionierten Agrarproduktion aus den fortgeschrittenen Volkswirtschaften nicht mithalten konnten. Ausserdem erlaubte die Globalisierung eine erleichterte Ausbeutung der Rohstoffschätze vieler Entwicklungsländer durch ausländische Unternehmen.

Das Land, das sich am auffälligsten von Armut befreien konnte, war China. Es wird deswegen immer wieder als die grosse Erfolgsstory der Globalisierung gepriesen. In der Tat konnte die chinesische Führung mit ihren Reformen um die 500 Mio. Menschen aus bitterer Armut holen. Das ist eine enorme Leistung, die grosse Anerkennung verdient. Allerdings wird das Loblied auf China in dieser Hinsicht oft ziemlich unüberlegt gesungen, gerade in Deutschland. Wer das wirkliche Geschehen nachvollziehen will, muss berücksichtigen, dass es nicht nur natürliche Armut war, aus der die Menschen geholt wurden, sondern ganz überwiegend eine sehr künstliche von der kommunistischen Vorgängerregierung in einem irrsinnigen Verbrechen gegen die Landbevölkerung erst verursachte. Beginnend in den 50er Jahren des vergangenen Jahrhunderts, als noch mehr als 80 % der Bevölkerung auf dem Lande lebten, kam es zu einer brutalen Kollektivierung der Landwirtschaft und in 1953 zur Verstaatlichung des Getreidemarkts, in deren Folge die Bauern zu besonders niedrigen Preisen verkaufen mussten.

Wie der China-Experte Timothy Beardson in seinem Buch „Stumbling Giant" unter Bezug auf eine Veröffentlichung der Stanford University schreibt, wurde die Kollektivierung absichtlich betrieben, um immer mehr des ländlichen Vermögens in die Entwicklung von Städten und Industrien umzulenken. Es sei eine Art Krieg gegen die Bauern gewesen. Mao hätte die Bauern wie Feinde behandelt, statt wie die, die ihn an die Macht gebracht hätten. Nach Beardson gibt es eindeutige Ähnlichkeiten zwischen der Art, wie Mao seine Bauern behandelte, mit dem Verhalten von Stalin gegenüber den russischen Bauern in den 30er Jahren. Die späteren, oft gepriesenen Reformen, vor allem die Einführung eines Systems der Verantwortlichkeit der bäuerlichen Haushalte („household responsibility"), waren also zu einem erheblichen Teil nicht mehr als ein Zurückdrehen der grotesken Fehler des chinesischen Kommunismus in einer früheren Periode und hatten mit der erst später einsetzenden Aufnahme Chinas in die globalen Märkte nichts zu tun.

So kam auch die Weltbank in ihrer Analyse von 2009 unter dem Titel „Von armen Regionen zu armen Menschen" zu dem Ergebnis, die Beseitigung der Zwangskommunen und der Übergang zum System der Verantwortlichkeit der Haushalte sei der wichtigste Einzelgrund für den raschen Abbau an Armut gewesen, den China in der ersten Hälfte der 80er Jahre erlebt hätte. Wie die Weltbankexperten Martin Ravallion und Shaohua Chen in ihrer bahnbrechenden Arbeit von 2004 feststellten, fand das Meiste an Armutsabbau der ländlichen Bevölkerung, auf die etwa 99 % der Armut in China konzentriert sind, bis etwa 1985 statt, auch wenn er seitdem nicht völlig zum Stillstand gekommen ist. Der Armutsabbau in den ländlichen Bereichen war also hauptsächlich eine viel zu späte Korrektur innerhalb des kommunistischen Systems – eines Systems, das im Übrigen aus der Periode vom Sieg der kommunistischen Partei bis zum Ende der Kulturrevolution nach verschiedenen Schätzungen mehr als 50 Mio. Tote als Opfer falscher Politik auf dem Gewissen hat. Allein Maos „Grosser Sprung nach vorn" kostete zwischen 1958 und 1961 durch eine leichtsinnig herbeigeführte riesige Hungersnot 20 bis 40 Mio. Menschen das Leben. Selbst heute noch werden immer wieder Bauern von korrupten kommunistischen Funktionären ihres stadtnahen Landes beraubt.

Was die Globalisierung in China in den letzten Jahren vor allem geschafft hat, ist eine scharfe Aufspaltung zwischen der weiterhin relativ armen Landbevölkerung und den ebenso armen Wanderarbeitnehmern einerseits und einer Bourgeoisie in den Städten andererseits, die immer mehr zu Wohlstand kommt, oft luxuriöse ausländische Autos fährt und immer mehr Millionäre und sogar Milliardäre in ihren Reihen zählt. Nur in Brasilien, Mexiko und Süd-Afrika ist die mit dem Gini-Koeffizienten gemessene Ungleichheit noch grösser. Soviel an dieser Stelle zu China und Globalisierung.

Südafrika, Saudi-Arabien

Am Vorabend der Wahlen in Südafrika besuchte ich mit dem damaligen Minister Möllemann und einer grossen Wirtschaftsdelegation Südafrika. Wir schüttelten Nelson Mandela, der wenig später die Wahlen gewann, die Hände. Wir trafen auch den Generalsekretär des ANC und Gewerkschaftsführer Cyril Ramaphosa, der wegen seiner Intelligenz von unseren mitreisenden Unternehmern sofort als gefährlich eingestuft wurde. Bei der südafrikanischen BMW-Niederlassung gab es ein grosses Essen, zu dem auf Wunsch von Möllemann auch Schwarze aus dem dortigen BMW-Vorstand eingeladen werden sollten, weil es die angeblich geben sollte. Doch, wie sich später herausstellte, waren nur die schwarzen Fahrer mit an den Tisch gesetzt worden. Bei einem grossen Abendessen spekulierten Vertreter der deutschen Unternehmen in Südafrika allen Ernstes, ob sie wohl die unter Schwarzen grassierende Aids noch vor einer schwarzen Herrschaft retten könnte, ein wenig wie die in Berlin eingeschlossenen NS-Führer noch Hoffnungen an die 12. Armee des Panzergenerals Wenck knüpften.

Noch ein paar Worte zu Saudi-Arabien, das für mich eine ziemlich abstossende Erfahrung war, um es gleich vorweg zu schicken. „Fertigmachen zum Anflug auf Riad" wurde die Kabinencrew von Saudia aufgefordert und verschwand bald in den Toiletten. Statt der schicken Stewardessen kamen durch verschiedene Verhüllungen ihrer Reize beraubte Personen wieder zum Vorschein. Auf dem Flughafen wartete auf uns ein Empfangskomitee. Der Vertreter der deutschen Botschaft riet uns dringend, beim Sitzen die Füsse nicht so übereinander zu schlagen, dass die Saudis unsere Schuhsohlen hätten sehen können, was in diesem Land als Beleidigung gilt. In der Stadt achtete die Religionspolizei darauf, dass sich auch unsere mitreisenden Kolleginnen Kopf und Arme streng bedeckten. Die Botschaft klagte darüber, an Weihnachten die Fenster fest geschlossen halten zu müssen, damit keine Weihnachtsmusik nach draussen dringen konnte. Sogar die Swiss Air soll wegen des Kreuzes am Heck ihrer Flugzeuge Probleme bekommen haben. Der saudische König finanziert zwar die Salafisten in Deutschland und finanzierte damals eine grosse Akademie mit Moschee in der Nähe der deutschen Hauptstadt. Aber Gegenseitigkeit in religiösen Dingen gibt es bei den sunnitischen Muslimen nicht. Und der Westen hat sich schon damals damit abgefunden. Die Herren des Öls waren schliesslich gute Kunden, vor allem bei Waffen.

Die deutschen Unternehmen wollten von den mitreisenden Beamten wissen, wie hoch die Bestechungsgelder für die verschiedenen saudischen Fürstlichkeiten anzusetzen waren, was wir natürlich nicht wussten. Bei der Gegeneinladung in die deutsche Botschaft hatten unsere saudischen Partner keine Hemmungen, alkoholische Getränke zu akzeptieren, worauf sonst hohe Strafen standen. Besonders verstört hat mich ein saudischer Offizieller, als wir bei einen Besuch am Hauseingang warten mussten und dieser Mann begann, Adolf Hitler und den Holocaust zu preisen. Selbst die Entwicklungszusammenarbeit mit diesem Lande war eine Enttäuschung: Zwar finanzierte die Bundesregierung über die Carl-Duisberg-Gesellschaft und die GTZ technische Hilfe bei der Ausbildung junger Saudis in handwerklichen Berufen, doch die hatten später wenig Neigung, sich mit Arbeit die Hände schmutzig zu machen. Dafür holte man besser Ausländer ins Land. Auch kulturell war das Land durch seine orthodoxe Führung eingefroren worden. Man hatte zwar vor den Toren von Riad das grösste und modernste Opernhaus der Welt gebaut. Doch durften dort nur Männer auftreten und nur Schwerttänze vorführen. Frauen durften nicht Auto fahren und, wenn sie ein eigenes Bankkonto besassen, mussten sie eine besondere Bank nur für Frauen benutzen, um nicht in die Nähe fremder Männer zu geraten.

Die Welthandelsorganisation als Motor der Globalisierung

In diesen Jahren verstand man im Bundeswirtschaftsministerium unter der Zusammenarbeit mit der Dritten Welt vor allem die Förderung des deutschen Exports (nicht zuletzt auch im Rüstungsbereich). Daneben wurde die Globalisierung mit dem Aufreissen der Märkte über viele Verhandlungsrunden im GATT und ab 1995 in der Welthandelsorganisation energisch vorangetrieben. Ich war dafür zwar selbst nicht zuständig, verfolgte aber bis zu meinem Ausscheiden aus dem Bundeswirtschaftsministerium Ende 1992 die wöchentlichen Besprechungen des Leitungsstabes der Aussenhandelsabteilung, in denen das meist Hauptthema war. Von 1973 bis 1979 gab es die sogenannte Tokio-Runde, in der die Zölle für Industrieprodukte auf den neun wichtigsten Märkten um durchschnittlich ein Drittel auf durchschnittlich nur noch knapp 5 % gesenkt wurden. Dem folgte dann zwischen 1986 und 1994 die Uruguay Runde, die den gesamten Handel abdeckte und zum ersten Mal auch die Dienstleistungen, wie Finanzdienste der Banken, die Telekommunikation und medizinische Dienste sowie Patente einschloss. Sie wurde zur grössten Welthandelsrunde aller Zeiten. Der Streitschlichtungsmechanismus wurde modernisiert und auch die schwierigen Agrarhandelsprobleme wurden angegangen. Dabei blockierten immer wieder Meinungsverschiedenheiten zwischen den USA und der EU den Fortschritt. Seitdem läuft, immer noch unvollendet, die sogenannte Doha-Runde. Angesichts der zuletzt sehr geringen Fortschritte in den grossen Verhandlungsrunden haben sich nun immer mehr Länder auf bilaterale Handelsabkommen zur weiteren Globalisierung verlegt.

Das hohe Lied von der Globalisierung als Entwicklungsmotor war jedenfalls, von einigen Ausnahmen abgesehen, immer total übertrieben. Viel dürfte sich daran bis heute nicht geändert haben. Deutschland hat ja nie auch nur entfernt das immer wieder international proklamierte Ziel der Entwicklungshilfe von 0,8 % der eigenen Wirtschaftsleistung erreicht. Selbst als sich in den letzten Jahrzehnten und besonders den letzten Jahren die Flüchtlingslager in Afrika und im Nahen Osten immer mehr füllten und sich neben den Kriegsflüchtlingen immer mehr Wirtschaftsmigranten durch die nun international verbreiteten Bilder aus den reichen Industrieländern zur Migration anregen liessen, wurde nicht mit höheren Entwicklungsleistungen gegengesteuert. So wurde auch die Wirtschaftsmigration am Ende ein Ergebnis einer sehr einseitigen Globalisierung. Selbst ihre Grenzöffnung für Flüchtlinge rechtfertigte Bundeskanzlerin Merkel später in ihrer Pressekonferenz vom Juli 2016 als „historische Bewährungsaufgabe in Zeiten der Globalisierung".

Ein Kardinalfehler der Globalisierung: China und die WTO

Der grösste Nachteil der Globalisierung über GATT und dann WTO für die entwickelten Industrieländer war und ist, dass die internationalen Regeln über Arbeitnehmerschutz der Internationalen Arbeitsorganisation und über Umweltschutz nicht einbezogen und häufig einfach ausgehöhlt wurden. So wurde Ende 2001 das Riesenland China in die WTO aufgenommen, ohne die miesen Sozialverhältnisse zu berücksichtigen, wie extrem niedrige Löhne bei Fehlen von Streikrecht, unabhängigen Gewerkschaften und einem ausreichenden Sozialversicherungssystem. Auch wurde die grosse Einflussnahme der KPC und staatlicher Stellen leichtfertig hingenommen und damit dem Dumping Tor und Tür geöffnet.

Wir kennen das Ergebnis: China wurde rasant zur Werkbank der Welt und übernahm dabei massiv Arbeitsplätze, entweder durch Billigimporte in die Industrieländer oder durch Verlagerung von Industrieproduktion nach China. Dabei organisierten die Unternehmen aus den Industrieländern selbst die Logistik von den Häfen in China bis zu den Verkaufsregalen in den hiesigen Supermärkten. Kaum ein technisches Produkt ist heute ohne wenigstens chinesische Innereien. Der seit Beginn des Jahrtausends akkumulierte chinesische Exportüberschuss stieg auf drei Billionen US$ oder weit mehr als die gesamte deutsche Wirtschaftsleistung eines Jahres. China bestreitet jetzt mehr als ein Fünftel des gesamten Imports der EU und 45 % bei Investitionsgütern (ohne Transport) sowie ein Drittel bei Maschinenbauerzeugnissen und langlebigen Konsumgütern.

Unter dem Aufstieg Chinas zur globalen Wirtschaftsmacht leidet nicht zuletzt ein sehr grosser Teil der eigenen Bevölkerung. Das geht von einer starken Ausbeutung zu niedrigsten Löhne über miserable Umweltbedingungen bis zu lebensgefährlichen Arbeitsbedingungen. Die Zahl der tödlichen Arbeitsunfälle lag noch 2015 bei sehr hohen 66.000.

7. 1989 – 1993: Rüstungsexport

Globale Ausbreitung von Massenvernichtungstechnologie

Ich hatte kaum meine Arbeit in dem neuen Bereich der Dritten Welt mit vielen Erwartungen aufgenommen, da bekam ich einen zusätzlichen Auftrag. Der sollte in den Folgejahren den Grossteil meiner beamteten Zeit in Anspruch nehmen. Bundeskanzler Kohl war bei einem Besuch in den USA mit den Erkenntnissen der CIA über den Export deutscher Giftgastechnologie nach Libyen konfrontiert worden. Die New York Times hatte darüber bereits unter dem Titel „Auschwitz in der Wüste" berichtet. Nach Rückkehr fiel der Beschluss, das sehr liberale deutsche Aussenwirtschaftsrecht zu verschärfen, um den Export von Massenvernichtungstechnologie zu verhindern. Dieser Auftrag ging ohne jede Vorbereitung an mich. Ich wurde auch gleich Vorsitzender eines neu eingerichteten Ressort-Ausschusses für Exportkontrolle.

In der Folge wurde ich immer wieder mit geheimdienstlichen Informationen über Transport deutscher Technologie in den Nahen Osten, nach Irak, Syrien und andere Länder überschüttet. Es waren meist die berüchtigten „dual use"-Produkte, aus denen man zum Beispiel Anlagen für die Herstellung von harmlosen Düngemitteln herstellen konnte, aber eben auch solche für Giftgas. In Eile wurden die Export-Vorschriften verschärft. Mit Hilfe der Bundesmarine mussten verdächtige Frachter auf offener See gestoppt und untersucht werden. Erstmals seit dem Dritten Reich durfte vom Geheimdienst BND durch Telefonabhörung im Ausland aufgefangenes Material auch von deutschen Inlandsbehörden verwertet werden. Auf der Basis eines neuen Gesetzes durften unter richterlicher Kontrolle nun in schweren Verdachtsfällen sogar Telefone in Deutschland überwacht werden. Diese Verschärfungen musste ich ausgerechnet für einen liberalen FDP-Minister vorbereiten und in den Bundestagsausschüssen vertreten. Die Fakten waren jedoch so traurig überzeugend und die Gefahren so gross, dass der Bundestag das Gesetz akzeptierte.

Wir wussten aus den Berichten viel über die atomare Aufrüstung von Saddam Hussein. Der verfolgte damals gleich drei Technologien zur Anreicherung von Uran für den Bau von Atombomben, eine davon war wahrscheinlich von Urenco in Deutschland geklaut, wo man leichtsinnig irakische Schweisser ausgebildet hatte, die angeblich im Irak für den Wiederaufbau nach dem Krieg mit dem Iran gebraucht wurden. Irakische Ingenieure hatten an einem Seminar in den USA über den eigentlichen Bau der Bombe teilgenommen. Vor dem ersten Golfkrieg stand das irakische Regime nur Monaten vor dem Bau einer ersten Nuklearwaffe. Ebenso hatte sich Saddam mit Giftgastechnologie versorgt und das produzierte Gas bereits gegen die Kurden mit schrecklichen Folgen eingesetzt. Bis zum Jahre 1991 hatte das Chemiewaffenprogramm des Irak bereits 130.000 Sprengkörper hergestellt und die meisten wurden bis 1981 als Fliegerbomben, Artilleriemunition und Raketensprengköpfe verschossen. Ausgerechnet deutsche Unternehmen hatten an den Behörden vorbei Chemikalien für dieses und ein anderes Programm in Syrien geliefert. So kann das Gas, das von Assad neuerdings in Syrien eingesetzt wurde, durchaus noch aus Anlagen stammen, die mit Hilfe deutscher Unternehmen gebaut worden waren. Saddam hatte allerdings die Gasbestände vor dem 2. Golfkrieg schon beseitigt, so dass sie keine Rechtfertigung dafür sein konnten, wie das von den USA behauptet wurde.

Auf der Basis der damals eingehenden Geheimberichte beunruhigte uns ebenso das Raketenprogramm des Irak. Mit ihm wurden die russischen Scud-Raketen startklar gemacht, die Saddam später auf Israel fliegen liess. Wir wussten, dass ausgerechnet die kritische Steuerungstechnologie für eine Moderniierung der Scuds aus Deutschland gekommen war. Als diese Raketen dann gen Israel flogen und die Israelis die Gasmasken gegen das „deutsche" Gas aufsetzen mussten, hatte ich schlaflose Nächte. Erinnerungen an Auschwitz und Birkenau kamen wieder hoch. Allerdings waren, wie sich dann herausstellte, diese Raketen nicht mit Giftgas bestückt und waren auch nicht die mit deutscher Steuerungstechnik weiterentwickelten Exemplare.

Die Globalisierung des Warenverkehrs mit fortan durchlässigen Grenzen hatte also gefährliche Folgen gehabt und die Verbreitung von Massenvernichtungstechnologie gefördert. Aber auch der eigentliche Rüstungsexport nahm durch die Globalisierung erheblich zu. In Deutschland galten dafür das Kriegswaffenkontrollgesetz und die Grundsätze für den Kriegswaffenexport aus dem Jahre 1982. Die Erlaubnis zum Waffenexport hing davon ab, ob die „innere Lage der Länder" stabil war, die Lieferung „nicht zur Erhöhung bestehender Spannungen" beiträgt und nur der eigenen Verteidigung dient. Gerade diese kritischen Begriffe wurden von den Bundesregierungen und sogar einzelnen Ministerien durchaus unterschiedlich ausgelegt, was am Ende immer wieder die Schlussentscheidung des Bundessicherheitsrates bestimmte. Ich konnte als der verantwortliche Unterabteilungsleiter für Vorlagen an den Bundessicherheitsrat jedenfalls nicht davon ausgehen, dass meine Einschätzung vom eigenen Minister und dann vom Bundessicherheitsrat unter Leitung des Bundeskanzlers geteilt und ein Export verhindert werden würde.

Nicht selten wurde ich von entgegengesetzten Entscheidungen überrascht. Eine dieser Entscheidungen war die über den Export von Spürpanzern nach Saudi-Arabien, die der Bundessicherheitsrat im Februar 1991 traf. Für mich lag Saudi-Arabien in einer Spannungszone. 1990 hatte Saddam Hussein seine Armee im Öl-Emirat Kuwait einmarschieren lassen. Die

USA sahen dies als Bruch des Völkerrechts und als Bedrohung der Ölmärkte. Präsident George Bush schmiedete eine internationale Allianz. Saudi-Arabien war das wichtigste Aufmarschland. In der Operation „Wüstensturm" vom Januar bis Februar 1991 wurde der Irak geschlagen. Doch die Spannungen bestanden fort. Saudi-Arabien und die deutsche Rüstungsindustrie mit ihrem – wie sich später herausstellte – bestochenen Rüstungsstaatssekretär Pfahls drängte auf den Verkauf von Panzern. Am Ende ging es um die Lieferung von 36 Fuchs-Spürpanzern. Auf der Basis der geltenden Grundsätze für den Kriegswaffenexport kam ich zu einer Ablehnung, obwohl ich davon ausgehen musste, dass mein Minister Möllemann, der ein grosser Freund Saudi-Arabiens und der arabischen Länder war, dem Export zustimmen würde.

Der Bundessicherheitsrat stimmte tatsächlich im Februar 1991 zu. Kohl erklärte später im Sommer 2000 vor dem Bundestags-Untersuchungsausschuss, die Entscheidung sei ausschliesslich nach aussen- und sicherheitspolitischen Erwägungen erfolgt. Kohl wörtlich: „Ich habe keinerlei Kenntnisse von Einflussnahmen oder Bestechungen. Sie fanden nicht statt." Nach Pressemeldungen ergaben jedoch die Ermittlungen der Augsburger Staatsanwaltschaft gegen den Rüstungsstaatssekretär Pfahls ein anderes Bild. Von den 446 Mio. DM, die der Wüstenstaat für die Fahrzeuge zahlte, waren rund 220 Mio. DM Schmiergelder. 3,8 Mio. DM gingen, nach Angaben der Augsburger Staatsanwaltschaft, an den flüchtigen Pfahls (CSU). Eine Mio. DM aus dem Schmiergeld-Topf erhielt die CDU. Geheimnisvoll waren auch die Hintergründe dieser Spende, die der Lobbyist für Thyssen Schreiber im August 1991 dem damaligen CDU-Schatzmeister Walther Leisler Kiep übergeben hat - in bar, in einem Koffer, auf dem Parkplatz eines Supermarktes in St. Magarethen in der Schweiz. Kurz vor der Verabschiedung des Panzerverkaufs im Bundessicherheitsrat soll das Projekt nach Presseberichten offenbar noch einmal ins Stocken gekommen sein. Schreiber soll in einem Brief an Kiep die Sorge geäussert haben, dass die

Sache trotz der abgeschlossenen Verträge nicht richtig voran käme. Nach Erhalt des Schreibens soll Leisler Kiep den Kohl-Vertrauten Horst Teltschik getroffen haben und dann sieben Tage später soll alles unter Dach und Fach gewesen sein.

Die Entscheidungen über Rüstungsexporte waren auch später teilweise wenig nachvollziehbar. So wurde nach meiner Zeit im Ministerium, wie den Medien zu entnehmen war, beim Export der berüchtigten Maschinengewehre vom Typ G36 des Unternehmens Heckler & Koch nach Mexiko zwischen der Sicherheitslage in einzelnen mexikanischen Bundesstaaten unterschieden und so bestimmt, wohin sie geliefert werden durften. Am Ende wurden sie dann nach diesem Bericht doch von einer brutalen Polizei gegen die Zivilbevölkerung eingesetzt, nachdem sie einfach von einem Bundesstaat an den anderen weitergegeben worden waren. Ausserdem gingen immer mehr deutsche Rüstungsunternehmen dazu über, Produktion einfach in andere Länder auszulagern und dann von dort mit weniger Überwachung zu exportieren. Auch hier hilft also die Globalisierung mit der Auslagerung von Produktionsstätten. Das Ganze ist bis heute ein grosses Drama, bei dem es Gabriel als zuständigem Minister entgegen allen seinen Versprechungen lange nicht gelang, den deutschen Rüstungsexport wirklich zurückzufahren. Die Globalisierung lässt hier von ihrer besonders negativen Seite grüssen.

Dass man den Export von gefährlicher Technologie, und natürlich erst recht von Waffen, durchaus einigermassen wasserdicht kontrollieren kann, hatte unsere Erfahrung mit dem Sowjetblock gezeigt. Da galt das westliche Technologieembargo COCOM, eine Vereinbarung unter westlichen Ländern, auf deren ständige technologische Anpassung vor allem die USA drängten. Ich war im Laufe der Jahre häufiger in dem in Paris eingerichteten Lenkungsgremium.

Gesamtdeutsche Erfahrungen kurz vor Ende der DDR

Schon 1990 vor der Wiedervereinigung, aber nach Einführung der DM in der DDR und damit nach deren Aufnahme in den gesamtdeutschen Wirtschaftsraum bin ich nach Ostberlin gereist, um die Neu-Kollegen auf die Einhaltung der westdeutschen Exportvorschriften zu verpflichten. Es war eine eigenartige Reise. Im Aussenhandelsministerium wurde ich in eines der weiter bestehenden Besucherzimmer geführt, das wahrscheinlich noch mit allen Abhörtechniken ausgerüstet war. Das Gespräch war ziemlich steif. Obwohl diese DDR-Beamten schon wegen ihrer häufigen Reisen in den Westen besonders staats- und parteitreue Exemplare gewesen sein müssen, stellten sich nicht wenige nun als Widerständler gegen das System dar. Sie beklagten zugleich, dass die sozialistischen Errungenschaften, wie die freien Kindergärten, verloren gehen würden.

Immerhin konnten sie ihre Ersparnisse bis zu Obergrenzen später zu dem völlig unrealistischen Kurs von 1:1 umtauschen, was Kohl den Wahlsieg bei den Bundestagswahlen vom Dezember 1991 einbrachte, die in den neuen Bundesländern gewonnen wurden. In grossen Demonstrationen in Ost-Berlin und mehreren DDR-Städten war unter dem Tenor „Eins zu eins, oder wir werden niemals eins!" demonstriert worden. Die Bundesbank hatte Kohl vor diesem Austauschkurs gewarnt, zumal ein Überhang an Liquidität befürchtet wurde. Auch musste die Lohnumstellung zu diesem Kurs bei viel geringerer Produktivität sehr viele Unternehmen in den Konkurs treiben, was ja dann auch geschah.

Besonders tragisch war für mich bei diesem Besuch in Ostberlin meine Begegnung mit dem früheren Stellvertretenden Leiter der Plankommission der DDR. Er war ein überzeugter Kommunist gewesen und deshalb aus Westberlin in die DDR ausgewandert. Wie er mir sagte, hatte er am Ende

Honecker eindringlich vor dem Konkurs der DDR gewarnt, ohne aber damit viel Eindruck zu machen. In Ostberlin war er zugleich ein phantastischer Stadtführer für den aus Bonn angereisten Besucher, da er aus einer uralten hier angesiedelten Familie stammte und jede Ecke samt ihrer Geschichte kannte. Wir haben diesen Wanderer zwischen zwei Welten später in den Bundesdienst übernommen, obwohl der Personalrat des Ministeriums in diesem wie in zahlreichen anderen Fällen erheblichen Protest anmeldete.

Globalisierung nach Osten

Die DDR war nun nicht nur Teil eines in der Wiedervereinigung begriffenen Gesamtdeutschlands geworden, sondern auch des grössten globalen Wirtschaftsraumes der Weltwirtschaft. Damit hatte die Globalität der EU begonnen, sich nach Osten auszudehnen und ihr globales Gewicht entsprechend zu erhöhen, zugleich aber – wie man heute weiss - ihre Konsistenz zu verwässern. Die Europäische Einigung, von der meine Generation in Deutschland geträumt hatte, war es nun nicht mehr. Die Bundesregierung - auf Druck der deutschen Industrie - und die britische Regierung, die schon immer die Integration bremsen wollte, sorgten dafür, dass eine immer weitergehende Osterweiterung einsetzte, die die EU bis an die Grenzen Russlands vorschob. Es kamen Länder in die EU, die keine lange demokratische Erfahrung hatten und in denen heute oft ein ziemlicher Nationalismus herrscht, der mit der europäischen Integration eigentlich unvereinbar ist.

Zugleich wurden, wie auch bei späteren Globalisierungsschritten, die Löhne in Westeuropa unter einen starken Negativdruck aus dem viel niedrigeren Lohnniveau Osteuropas gesetzt. Das Ergebnis war eine erhebliche Verlagerung von Industrieproduktion nach Osteuropa und eine sehr gedämpfte Lohnentwicklung im Westen. Ausserdem wurde eine Migrationswelle billiger Arbeitskräfte ausgelöst, die schliesslich 2016 die Brexit-Entscheidung herbeigeführt hat und damit den ersten grossen Bruch der EU. Die deutsche Bundeskanzlerin hat den Brexit noch zusätzlich gefördert, indem sie die Grenzen für die Millionenwelle von Migration aus dem muslimischen Raum offen hielt und dann auch noch der Türkei beschleunigte Beitrittsverhandlungen versprach. Alle diese Entwicklungen habe ich später in einer neuen beruflichen Phase verfolgt.

8. 1991 – 1993: EBWE und London als Mekka der Globalisierung, die ersten Jahre

Mit dem Fall der Berliner Mauer stürzten Osteuropa und vor allem Russland zunächst in eine schwere wirtschaftliche und gesellschaftliche Anpassungskrise. Auf Vorschlag von Mitterand vereinbarten die Länder des Westens daher die Gründung einer öffentlichen Bank. Sie sollte unter dem Namen „Europäische Bank für Wiederaufbau und Entwicklung" (kurz EBWE oder auf Englisch EBRD) die Länder in Mittel- und Osteuropa sowie in der Gemeinschaft unabhängiger Staaten in ihrem Transformationsprozess hin zu Marktwirtschaft und privatem und unternehmerischem Handeln finanziell unterstützen. Die Briten hatten auf London als Geschäftssitz bestanden, was für die Bank den unschätzbaren Vorteil hatte, die Nähe des zusammen mit Wallstreet grössten Finanzzentrums der Welt zu geniessen. Die City of London war und ist auch zugleich das wahrscheinlich grösste Zentrum an finanzieller Globalisierung in der Welt.

Die Mitgliederzahl der Bank entwickelte sich bis zu 65 Staaten. Bis heute wurden 110 Mrd. Euro in rund 4.500 Investitionsprojekte eingebracht. Zum grössten Teil sind es Projekte im Privatsektor, bei denen die Bank zusammen mit den privaten Investoren aus westlichen Ländern und in geringerem Umfang lokalen Investoren antritt. Die Bank brachte so den Kapitalismus pur nach Osteuropa. Jedes Jahr wurden die Operationsländer vermessen und nach Privatisierungsfortschritt aufgereiht. „Transitionsfortschritt" war das Zauberwort.

Die „glitzernde Bank"

Die Franzosen stellten prompt mit Jacques Attali den ersten Präsidenten. Der wollte mit den Geldern der Bank getreu französischer Politik und aus Angst vor zu starkem deutschem Einfluss in Europa zunächst die DDR halten. Doch die Regierungen erlaubten ihm nicht, ihre Gelder in die DDR zu leiten. Ebenso wenig konnte er Russland mit grossen Krediten unter die Arme greifen. Das hat ihn sehr enttäuscht und ihn später, als er über die hohen Ausgaben der Bank (die „Marmor-Bank") stürzte, vermuten lassen, dass ihm nun sein Versuch mit der DDR heimgezahlt wurde.

In französischen und anderen westlichen Augen sollte die Bank zugleich ein Gegengewicht gegen den befürchteten starken deutschen Wirtschaftseinfluss in Osteuropa sein. Dementsprechend hatte Attali viel französisches Personal angestellt und so gut wie keines aus Deutschland. In dieser Situation beklagte sich die Bundesregierung bei ihm ziemlich nachdrücklich. So kam der Ruf aus dem Bundesfinanzministerium an mich, gestützt auf meine jahrelangen Osteuropaerfahrungen in London eine neue Karriere anzutreten. Ich nahm das Angebot an, nicht wissend in welches Abenteuer ich mich damit über die folgenden zehn Jahre stürzen würde. Es begann mit einem Interview bei Attali, der aus meinem Lebenslauf wusste, dass ich an der ENA gewesen war und französisch sprechen würde. Ich musste also meinerseits damit rechnen, dass er mich französisch ansprechen würde und dass ich, falls ich mich darauf einliesse, dann dauerhaft in die französische Seilschaft der Bank vereinnahmt würde. Also hatte ich meine Entgegnung vorbereitet und sagte nun in bestem Französisch: „Ja, ich spreche Französisch, bin aber mehr in Englisch zu Hause". Er hat mich in der Folge nie wieder auf Französisch angesprochen.

Die erste Aufgabe, die mir Attali übertrug, war nach Bonn zu fahren, um herauszufinden, welche Position die Bundesregierung beim bevorstehenden G7-Gipfel in Tokio von 1993 in der Frage von Krediten an Russland einnehmen würde. Es war für mich unmöglich, diesem Auftrag nachzukommen. Denn mit meiner Abreise aus Bonn, waren für mich die Türen dort zugegangen. Einerseits wirkte ich nun auf fremdem, französisch beeinflusstem Gelände. Andererseits entsprach (und entspricht) es einer leidvollen und selbstschädigenden deutschen Praxis, ins Ausland an internationale Stellen abgesandte Beamte zu vergessen und nach Möglichkeit auch nicht mehr zurückzunehmen, weil man dann wieder eine der kostbaren Personalpositionen für einen zum „Ausländer" gewordenen früheren Kollegen opfern müsste.

Im Ergebnis verweigerte der G7-Gipfel Russland jeden Kredit. Zwar war der Kommunist Gorbatschow nun zurückgetreten. Nach amerikanischer Auffassung musste der Kommunismus aber erst dauerhaft in Russland verschwinden, bevor Gelder fliessen würden. Damit konnte auch die Bank keine besonderen Mittel der G7 zum Einsatz in Russland erwarten.

Allerdings folgte im Juli 1993 auch Attali dem Untergang der UdSSR nach. Er hatte viel Geld für das Gehäuse der Bank und sonstige eigentlich vermeidbare Kosten ausgegeben. Auf Auslandsreisen liess er Privatjets anmieten und führte auch sonst das pompöse Leben, das er zuvor als engster Mitarbeiter von Mitterand erlebt hatte. Die britischen Medien hatten das Schimpfwort von der „glitzernden Bank" entwickelt. Nun wurde in der Bank unter ihrem neuen Präsidenten Jacques de Larosière wieder umorganisiert, und am Ende war ich ein Stellvertretender Vizepräsident und dann ab 1997 als Vizepräsident zugleich Mitglied im Vorstand der Bank.

Eine total andere Kultur

Doch die ersten zwei Jahre waren für mich sehr schwierige gewesen, wobei ich immer wieder daran dachte, das Handtuch zu werfen. Nicht zuletzt war die Kultur eines auf Sparsamkeit gedrillten deutschen Beamten mit der neuen Welt einer globalen und finanziell sehr lockeren Bankenkultur schwer in Einklang zu bringen. Von der Bundesregierung konnte ich kaum Unterstützung erwarten, zumal ich dort unter der schwarzen Kohl-Regierung noch als SPD-Mann eingestuft wurde. Während Franzosen in internationalen Organisationen unabhängig von ihrem politischen Hintergrund zuerst immer Franzosen waren, die man für französische Interessen brauchte, unterschied man in der deutschen Hauptstadt fein nach Parteinähe oder -zugehörigkeit des deutschen Abgesandten. Am Ende musste ich mich, um in dieser Umgebung zu überleben, mehr auf gute Kontakte zu den französischen Seilschaften als zu meinen deutschen Herkunftsbehörden einrichten.

Um die EBWE waren alle die bekannten Bank-Multis mit den grossen Namen angesiedelt. Vor den Kneipen standen gegen Abend grosse Trauben traumhaft bezahlter Banker. Die EBWE als öffentliche Einrichtung zahlte keine grossen Boni und auf der Vorstandsebene überhaupt keine. Indessen war in der Kultur der City nicht zu übersehen, wie gerade die Boni die Banker verführten, auf maximalen und kurzfristigen Gewinn zu spekulieren. Wenn erst einmal der jährliche Bonus eingesackt war, interessierte die längerfristige Entwicklung nicht mehr.

Globale Spekulation

Die Spekulation an den Finanzmärkten war damals schon absolut global um den Globus herum und in fast jeder Währung. Zunächst hatten in den meisten Ländern noch für lange Jahre Kapitalverkehrskontrollen gegolten, die gegen spekulative Bewegungen und Steuerflucht schützten. Mit dem Zusammenbruch des nach dem zweiten Weltkrieg errichteten sogenannten Bretton-Woods-Systems fester Wechselkurse gingen die Vereinigten Staaten, Deutschland, die Schweiz und Grossbritannien schrittweise zu flexiblen Wechselkursen über und schafften Kapitalverkehrskontrollen ab. Die letzten Kapitalverkehrskontrollen wurden erst Anfang der 90er Jahre des letzten Jahrhunderts abgebaut, bei Frankreich und Italien in 1990 sowie Spanien und Portugal in 1992. Nun dominierte die Vorstellung, dass Kapital ohne Behinderung dorthin fliessen sollte, wo es für das Wirtschaftswachstum am dringendsten gebraucht und mit hoher Rendite belohnt würde.

Dies hatte vor allem drei Folgen. Erstens kam es zu Wellen von spekulativem Kapitalexport, der in den betroffenen Ländern vor allem in Lateinamerika und Südostasien immer wieder für schwere Krisen sorgte, die dann auf die Kapitalexportländer zurückwirkten. Allein der tägliche Währungshandel ist nach fast einer Verfünffachung seit Beginn des Jahrtausends nun 26-mal stärker als die tägliche Weltwirtschaftsleistung, eine unvorstellbare Grössenordnung. Der Marktwert an Wetten auf die Entwicklung der Märkte von Währungen, der Zinsen und der Aktienkurse übertrifft die jährliche Weltwirtschaftsleistung sogar um mehr als das 200-Fache, noch unvorstellbarer.

Steueroasen

Zweitens erlaubte dieser Abbau der Beschränkungen zusammen mit der Liberalisierung der Finanzmärkte insgesamt den Aufbau von riesigen Finanzzentren, vor allem an Wall Street und in der City of London, die dann mit ihren Ablegern in Steueroasen in der Karibik und einigen anderen Plätzen sichere Häfen für nicht zu versteuerndes Kapital boten und weiter bieten. Die Panama-Papiere haben zuletzt einer breiteren Öffentlichkeit einen kleinen Einblick geboten, was da läuft. In den Papieren sollen sich auch Beweise für die schlimmsten Verbrechen befinden, beispielsweise für Geldwäsche durch Kinderprostitutionsringe. Indessen ist auch Panama wieder nur die Spitze desselben Eisbergs einer internationalen Verschwörung von Privatpersonen und Unternehmen gegen Steuerehrlichkeit. Der Steuerausfall muss dann von den ehrlichen Steuerzahlern oder denen, die keine Möglichkeiten der Steuervermeidung haben, mit höheren Steuern wieder ausgeglichen werden. Auch wurden mit der sonst drohenden Steuerflucht immer wieder neue Steuersenkungen für die hohen Einkommen gerechtfertigt, auch diese von den anderen Steuerzahlern dann auszugleichen oder mit sinkenden Sozialleistungen für die Armen.

Die beiden Haupt-Inselchen für Schutz vor Steuer und Kontrolle sind wahrscheinlich Manhattan und die City of London. Je nach Definition von "Steueroase" werden mehr als die Hälfte des Welthandels und der Anlagen der Banken sowie ein Drittel der Investitionen multilateraler Unternehmen durch Steueroasen gelenkt. Selbst die ehrenwerte EBWE begleitete Investitionen in Russland, die von den russischen Eigentümern der so geförderten Unternehmen über Konten in der Karibik gemanagt wurden.

Global enthemmte Banken

Drittens kam es zusammen mit dem globalen Abbau der Kapitalverkehrskontrollen vor allem in USA zu einer Liberalisierung der Bankenkontrolle. Dort war durch den Glass-Steagal Act von 1933 nach der ersten globalen Krise eine Trennung der Banken in zwei Typen eingeführt worden: kommerzielle Banken und Investmentbanken. Keine Bank in USA durfte gleichzeitig in beiden Bereichen tätig sein. Damit sollte vor allem verhindert werden, dass sich Banken, die die Einlagen ihrer Kunden verwalten und dafür Sicherheit garantieren müssen, gleichzeitig spekulativ im riskanten Investmentbereich tummeln. Bei hohen Verlusten aus dem spekulativen

Geschäft würde sonst immer wieder der Staat aus der staatlichen Einlagenversicherung gefordert sein. Weiter sollten Interessenkonflikte zwischen der Tätigkeit von Banken als Geber von Kredit an die Wirtschaft und als Benutzer von Kredit für spekulative Investitionen vermieden werden.

Doch die amerikanische Bankenindustrie verlangte seit den 80er Jahren die Aufhebung dieses Gesetzes. Ende der 90er Jahre baute sich in dem nun von den Republikanern dominierten Kongress wachsender Widerstand gegen das Gesetz auf. Die Opponenten beriefen sich u.a. auf die Folgen der Deregulierung der Finanzmärkte, die den Unterschied zwischen Krediten, Wertpapieren und Einlagen immer mehr verwischt hätten. Die republikanische Mehrheit setzte schliesslich den Rückruf des Glass-Steagal Acts durch. Ausgerechnet der demokratische Präsident Clinton musste die gesetzlichen Vorkehrungen dafür durchführen. Die grösste amerikanische Bank City Group konnte nun sekurisierte Papiere herausgeben und handeln, besonders die später als „giftig" bekannten minderwertigen Hypothekenpapiere. Amerikanische Banken fielen nach Europa ein und übernahmen in der Londoner City neben den dort schon tätigen amerikanischen Investmentbanken grosse Teile des Investitionsgeschäfts.

Am Ende kam es 2007, längst nach meiner Zeit bei der EBWE, zu der noch immer nicht ausgestandenen Weltfinanzkrise und einem enormen Einbruch der globalen Wirtschaftsleistung, der bisher nicht überwunden ist. Diese Krise wurde wie schon andere zuvor mit erheblichen Jobverlusten auf dem Rücken der „kleinen Leute" ausgetragen, während die Regierungen mit Steuerzahlergeld die Wohlhabenden vor Bankenpleiten schützten.

9. 1993 – 2002 EBWE: Die letzten von 10 Jahren

Russlands schwere Krise

In Russland kam nun 1993 Jelzin an die Macht. Beim Jahrestreffen der EBWE von 1994 in St. Peterburg konnte man in den Läden fast nur noch westliche Ware sehen und das bis zum Waschpulver. Die russische Produktion war im Wirtschaftschaos ganz offensichtlich zusammengebrochen. Mit Jelzin und seinen westlichen Beratern kam die Korruption der Oligarchen. Die internationalen Finanzorganisationen, besonders die EBWE, durften nun mit Krediten auch in Russland antreten. Dabei wurde gerade den Oligarchen unter die Arme gegriffen, wenn sie staatliches Eigentum billigst erwarben, indem sie im Gegenzug dem russischen Staat Kredit gaben. Das war das unheilvolle Projekt von 1995 und 1996 unter dem Namen „loans for shares", das es nie hätte geben dürfen. Für die westlichen Geldgeber war unter amerikanischer Aufsicht nur entscheidend, dass am Ende private, wenn auch ausgeraubte Unternehmen entstanden. Ohne dieses Programm und den Ärger im russischen Volk wäre einige Jahre später Putin kaum an die Macht gekommen.

Es galt zu dieser Zeit der schon erwähnte sogenannte „Washington Consensus", in dem man sich den reinen Kapitalismus auf die Fahnen geschrieben hatte. Diese neoliberalen Prinzipien haben erst die Globalisierung zu jenem Instrument gemacht, das heute in weiten Kreisen der benachteiligten Bevölkerungen zum Aufstand gegen die Globalisierung führt. Ich stand also praktisch, noch ohne mir dessen voll bewusst zu sein, an der Quelle dieser schlimmen Entwicklung, soweit sie Russland und andere Länder des ehemaligen RGW betraf. Die Treuhand hat übrigens ähnlich in den neuen Bundesländern alles auf Privatisierung, egal zu welchem Preis gesetzt. In meiner Verantwortung als Vizepräsident lag auch die Abteilung für die Bewertung oder Evaluierung der von der Bank finanzierten Projekte. Dabei ging es nicht nur darum, ob die Projekte finanziell erfolgreich waren, sondern auch um ihren Wert als Beitrag zur Transition in Richtung auf das gewünschte Ziel einer Marktwirtschaft.

Horst Köhler kommt

Im September 1999 wurde Horst Köhler Präsident der EBWE. Damit waren mit mir gleich zwei Deutsche im Vorstand der Bank, was eigentlich ungewöhnlich war. In Russland schleppte sich damals die schlimme Wirtschaftskrise unter Jelzin weiter. Renten wurden nicht mehr gezahlt. Viele Menschen versanken in Depressionen und im Suff. Die Lebenserwartung sank deutlich. Die Bank unter Köhler war jedoch mehr um ihre an Russland vergebenen Kredite als um das Land selbst besorgt.

Köhler war ein sehr dünnhäutiger Präsident, dessen Verhältnis zu vielen Vorstandskollegen angespannt blieb. Er hatte vor Antritt seines Jobs auf einer Erhöhung seines steuerfreien Gehalts (neben Quartier, Fahrer und sonstigen Vergünstigungen) auf 200.000 Pfund pro Jahr, was damals etwa 320.000 Euro waren, bestanden – ein bis dahin für Präsidenten ziemlich unübliches Verlangen. Leider geht deutschen und amerikanischen Bossen, der Ruf voraus, dass sie unter ihresgleichen als „Top Dogs" die schlimmsten Schreihälse stellen. Auch Köhler hing ein solcher Ruf schon von seiner Rolle im Bundesfinanzministerium und dann beim Verband der deutschen Sparkassen an. Unruhig sprach mich mein Kollege im Vorstand und frühere ungarische Ministerpräsident Miklos Nemeth auf diesen Ruf Köhlers an, noch bevor dieser bei der Bank antrat. Ich beruhigte ihn, wenn auch wohl wider besseres Wissen.

Allerdings wurde ich dann selbst Opfer einer Schreikannonade des neuen Präsidenten, bei der er sich offensichtlich in Gegenwart von Zeugen noch einmal ganz besonders steigerte. Ich konnte ihn nur zur Ruhe bringen, indem ich ihm antwortete: „Lieber Horst, schreien kann ich auch". Nach diesen Erfahrungen mit Köhler hat es mich später wenig überrascht, dass es im Bundespräsidialamt viel Stunk gab und er dann plötzlich vor Abschluss seiner zweiten Amtszeit hinwarf.

Ich meinerseits war von der gerade erwähnten Entwicklung in Russland sehr betrübt. Ich reiste wieder einmal nach Moskau. Wo früher vor dem Eingang des zentralen Kaufhauses am Roten Platz GUM die Menschen auf neue Waren gewartet hatten, standen jetzt alte Frauen und boten gebrauchte Schuhe und anderen Hausrat an, nachdem ihre Renten ausgefallen waren. In der Financial Times erschien ein Photo aus St. Peterburg, das eine alte und abgehärmte russische Mamuschka mit dem obligaten schwarzen Kopftuch und dem abgehärmten Gesicht zeigte, wie sie in ihren Händen etwas Gemüse zum Verkauf anbot. Ich kopierte dieses Photo und verteilte es um den Vorstandstisch herum, weil wir gerade den Bericht über die Wirksamkeit der Bank in Osteuropa diskutierten. Der mir gegenübersitzende Köhler war ob meines Verhaltens sichtbar genervt. Was ich nicht wusste: Köhler plante wahrscheinlich schon seinen nächsten Karriereschritt zur Präsidentschaft des IWF, den er nach nur eineinhalb Jahren EBWE mitten in seiner Wahlperiode auch antrat. Die EBWE war für ihn nur eine Zwischenstation, wie dann später auch der IWF.

Sorge um die Umwelt

In der Bank hatte ich neben anderen Aufgaben die Verantwortung für den Umweltschutz, dem alle unsere Projekte genügen mussten. Wir mussten dafür sorgen, dass die Nichtregierungsorganisationen (NGO) und die örtliche Bevölkerung ausreichend angehört wurden. Die entsprechenden Regeln waren immer weiter verschärft worden. Da die Internationalen Finanzinstitutionen, wie auch die EBWE, nicht zuletzt an grossen Infrastrukturprojekten beteiligt waren, kam es immer wieder zu Konflikten mit der lokalen Bevölkerung und den

NGOs. Die Bank war besonders betroffen, als sie in der Ukraine den Neubau eines Kernkraftwerks fördern wollte, das die definitive Schliessung des havarierten Kraftwerks in Chernobyl erlauben sollte. Nach heftigen Protesten musste dieses Projekt dann aufgegeben werden.

Die Umwelt ist im wahrsten Sinne des Wortes eine globale Angelegenheit und leidet entsprechend unter den Auswirkungen der Globalisierung. Besonders schädlich war und ist dabei die massive Verlagerung von Industrieproduktion nach China, wo die Umweltbedingungen mit viel ineffizientem Energieeinsatz schmutzigster Kohle besonders prekär, wenn auch kostengünstig sind. So wurde die Entwicklung dieses Riesenlandes zur Werkbank der Welt zu einer schweren globalen Hypothek auf Umwelt und besonders das Klima der Welt. Andererseits sind die Chinesen selbst Opfer ihrer eigenen Umweltverschmutzung geworden. Bei der schlimmsten Smog-Periode in 2016 waren 460 Mio. Menschen betroffen bei Verschmutzungswerten, die nach Berechnungen von Greenpeace sechsmal über den Grenzwerten der Weltgesundheitsorganisation lagen.

Ich besuchte 2002 das Jahrestreffen der Asiatischen Entwicklungsbank in Shanghai, da sich einige unserer Projekte berührten. Am riesigen Jangtse stehend, sah ich die grossen Flussschiffe wie Schnüre an einer Perlenkette die Waren herantransportieren, die dann zu grossen Teilen weiter nach Europa gehen. Allein entlang des Jangtses sind etwa 10.000 Chemiefabriken angesiedelt, ein enormer Beitrag zur Umweltverschmutzung.

Eine weitere Reise in Sachen globalen Umweltschutzes führte mich noch 2002 zu einer internationalen Konferenz in dem 4500-Seelen-Ort Ilulissat auf Grönland. Seitdem verfolgt mich das Bild des ins Meer hinunterdonnernden Eisschilds, aus dem die Eisberge kommen. Die Beschleunigung der Eisschmelze wird von einer Erwärmung der Lufttemperatur um etwa drei Grad über die letzten zwanzig Jahre angetrieben. Dadurch gelangt erwärmtes Oberflächenschmelzwasser an die Basis des Eisschilds und wirkt dort wie ein Ölfilm, der die Wanderung zum Meer beschleunigt. Inzwischen machen sich Wissenschaftler ernsthaft Sorgen, ob diese Entwicklung noch aufzuhalten ist. Ohne das Eis auf Grönland würde der Meeresspiegel weltweit um etwa sieben Meter steigen. Hamburg wäre eines Tages nicht mehr.

Nukleare Sicherheit

Zu meinen besonders herausfordernden Aufgaben in der Bank zählte die nukleare Sicherheit, um die es in Osteuropa ziemlich schlecht bestellt war. Vor allem hatte ich die Verantwortung für die Betreuung des Riesenprojekts einer neuen Umhüllung des in Chernobyl verunglückten Reaktors. Das brachte mich viele Male nach Kiew und an den Reaktor. Die Explosion des Reaktors mit den radioaktiven Wolken fast überall über Europa zeigte in schrecklicher Realität, wie global die Folgen nationalen Handelns inzwischen geworden waren.

In Russland halfen wir mit Projekten zur Entsorgung der an der Barentssee notdürftig abgelagerten russischen Atom-U-Bote. Das führte mich zum russischen Atom-Minister nach Moskau. Seine Vorgänger gehörten einst zu den mächtigsten Männern der Welt. Er selbst hatte auf dem sibirischen Versuchsgelände Semipalatinsk im heutigen Kasachstan gearbeitet. Etwa 10 % der Bevölkerung Kasachstans hatte als Folge der etwa 450 explodierten Atombomben durch radioaktive Strahlen gesundheitliche Schäden erlitten. Stolz ging dieser Mann zu seinem Bücherschrank und überreichte mir mit Widmung sein Erinnerungsbuch. Darin beschreibt er das „wilde" Leben auf dem riesigen Testgelände. Eines Sommers war es so heiss, dass die Mannschaft beschloss, einen künstlichen Badesee per Atomexplosion zu schaffen. Allerdings war der dann so verseucht, dass er nie benutzt werden konnte. Bei einem Besuch in Kasachstan bestätigte mir der dortige Umweltminister später, dass der See wegen der Strahlung noch immer gefährlich ist.

Die Anfänge des globalen Protestes

Ende 1999 hatte mich eine Reise für die Bank an die amerikanische Westküste nach Seattle geführt. Ich kam auf Einladung des damaligen Präsidenten Clinton zu der von ihm in Seattle einberufenen 3. WTO-Konferenz. Sie sollte die zögernden Länder der Dritten Welt für weitere Schritte zur Handelsliberalisierung gewinnen. Doch vor dem Konferenzort entbrannte eine blutige Schlacht der schwer bewaffneten Sicherheitsstreitkräfte mit Globalisierungsgegnern. So etwas hatte es noch nicht gegeben. Danach entwickelte sich die globalisierungskritische Bewegung auch in den Metropolen und erfuhr eine weltweite Verbreitung. Treffen der Regierungschefs der wichtigsten Industrieländer im G7-Rahmen konnten nur noch unter einem enormen Polizeischutz stattfinden.

Von der kleinen, meist akademischen Minderheit in Seattle bis zu den heutigen Massenprotesten gegen die Globalisierung spannt sich ein grosser Bogen. Weitere siebzehn Jahre hat es gebraucht, bis sich die Wahrheit zur Globalisierung und ihren negativen Folgen für sehr viele Menschen in den westlichen Industrieländern verbreiten konnte.

Von der EBWE sind mir viele Sprüche im Gedächtnis geblieben, die dort von der Wallstreet eingeschleppt worden waren. Einer lautete: „Es ist wahrscheinlich besser, Jemanden im Zelt nach draussen pissend zu haben als ausserhalb hineinpissend". Ein anderer sehr typischer: „Wenn Du Mitleid brauchst, kauf Dir einen Hund". Ich hätte in diesem Zentrum der Globalisierung gleich mehrere Hunde gebraucht, kaufte mir aber keinen.

10. 2005 – heute: Mein Privatkrieg gegen die neoliberale Globalisierung

Mein Buchkrieg

Mit dem Ende des Jahres 2002 war ich eigentlich Ruheständler. Doch die über so viele Berufsjahre angesammelten Erfahrungen verlangten nach Verarbeitung und Publizierung. Ich wollte so viel wie möglich davon an die Öffentlichkeit zurückgeben. Wie andere Menschen, die glauben, etwas mitteilen zu müssen, verlegte ich mich zunächst auf Bücherschreiben. So begann ich, an meinem ersten Buch unter dem Titel: „Deutschland global? Mit falschen Rezepten in die Globalisierung" zu arbeiten. Es erschien im Februar 2005 im Buchhandel und war das erste von bis heute achtzehn, meist relativ schmalen Büchlein über wirtschafts- und sozialpolitische Themen, die meist unter dem Blickwinkel der Globalisierung kritisch behandelt werden, reich mit Grafiken bestückt sind und versuchen, trotz der komplizierten Zusammenhänge allgemeinverständlich zu bleiben. Zur Kürze bin ich nicht wegen der davon erwarteten Würze gekommen, sondern aus der Erfahrung, dass lange Sachbücher ungern gelesen werden und weil ich im Selbstverlag auf den von der Länge abhängigen Preis Rücksicht nehmen musste, selbst wenn ich auf das Autorenhonorar zugunsten einer grösseren Verbreitung verzichtete.

Leider gelang es mir trotz einiger Anläufe nicht, einen normalen Verlag für meine Schreibe zu interessieren. Dafür muss man bei Sachbüchern in der Regel schon einen Namen und Bekanntheitsgrad haben und mit einem reisserischen Titel aufwarten können. Taschenbuchverlage gieren nach Bestsellern und orientieren ihr Programm in der Regel an dem erwarteten Profit. Auch haben sie relativ lange Programmzeiten, so dass meine auf Aktualität orientierten Bücher oft schon jenseits des Verfalldatums wären, bevor sie auf den

Markt kämen. Schliesslich tritt man in lange Gespräche und Verhandlungen ein, um am Ende feststellen zu müssen, dass man nur hingehalten wurde, der Verlag es nie besonders ernst meinte.

Die Kehrseite dieser unerfreulichen Medaille ist ein Selbstverlag, der kaum Werbung betreibt und für den Buchhandel ziemlich uninteressant ist, zumal er nicht für die besondere Auslage von Neuerscheinungen auf den Tischen des Buchhandels bezahlt. Das gibt dann bei Sachbüchern meist nur kleine Serien, in meinem Fall von wenigen hundert bis zu wenigen tausend Exemplaren. Dass ich überhaupt einen kleinen Markt fand, verdanke ich einerseits dem Versandbuchhandel, andererseits meiner Webseite, auf die ich noch zurückkommen werde. Denn über die und die damit verbundenen Rundbriefe konnte und kann ich auf meine Bücher nicht aufmerksam machen.

Ich lasse mal die Buchtitel auf der folgenden Seite passieren, um die Richtung anzudeuten. Die Leser werden merken, dass es eine sehr gezielte Mischung von Themen ist, die alle mit der Globalisierung zusammenhängen. Die Probleme mit dem Euro ziehen sich durch die meisten Bücher, fanden aber dann 2012 in „Euro - Die unmögliche Währung" und einem weiteren Buch zu den Opfern der Eurokrise eine spezielle Bearbeitung. Seit 2015 gehört natürlich auch die Migrationskrise zu den speziell behandelten Themen.

Eine Besonderheit aller Bücher kommt aus meiner langjährigen Lebensweise in drei Ländern, nämlich neben Deutschland noch Nordirland und Frankreich. Wie schon in meiner beruflichen Entwicklung sehe ich damit Deutschland immer wieder im internationalen Vergleich. Das hat mir sicherlich geholfen, den Blick auf deutsche Schwächen zu schärfen und mich einer sonst oft zu beobachtenden Bauchnabel- oder Kirchturmbetrachtung zu entrücken.

Viel habe ich in meinen Büchern, besonders den diesem Thema speziell gewidmeten, dem Untergang der Sozialen Marktwirtschaft nachgetrauert. Das hing mit meinen frühen

- Deutschland global? Mit falschen Rezepten in die Globalisierung
- Falsch globalisiert: Schlaglichter auf die herrschende Wirtschaftskonzeption
- Und immer mittendrin: 34 Jahre in den Schaltzentren der Globalisierung
- Globalisierung: Legende und Wahrheit: Eine Volkswirtschaftslehre für nicht ganz Dumme
- Weltwirtschaftskrise II: Eine komplette Analyse von Entstehungsgründen und Ausmass der globalen Krise
- Die zweite Grosse Depression: Wo die Krise herkommt · Wo sie hinführt · Was tun?
- Über den Zaun geblickt: Das deutsche Gesellschafts- und Wirtschaftssystem im internationalen Leistungsvergleich
- Grafik-Datenbank: Deutschland & Welt - Wirtschaft/Soziales/Bildung/Gesundheit/Umwelt
- Grafik-Datenbank: Deutschland & Welt - Wirtschaft/Soziales/Bildung/Gesundheit/Umwelt
- Wohin mit Deutschland?: Kaleidoskop deutscher Befindlichkeiten
- Euro - Die unmögliche Währung
- Ich sage nur "China, China": Kommt ein Handelskrieg?
- Es war einmal eine Soziale Marktwirtschaft: Die lange Geschichte Ihres Untergangs
- Holt endlich die Soziale Marktwirtschaft zurück!: Die lange Geschichte ihres Untergangs
- Täter und Opfer in der Eurokrise: Vom Lehman-Crash zur Griechenland-Krise
- Die Zweite Völkerwanderung hat begonnen
- Zeitalter der Angst: Fortschreitender Demokratieverlust
- Die verkrustete Gesellschaft: Vom Verlust sozialer Mobilität
- Globalisiert geht unsere Welt zugrunde: Bilanz und Ausblick

und sehr positiven Erfahrungen im Bundeswirtschaftsministerium zusammen, auch dass ich selbst aus ärmsten Verhältnissen nach oben kommen konnte, ebenso sehr aber mit dem Bewusstsein, dass die jüngeren Generationen keine aktive Erinnerung mehr an die Zeiten haben, in denen Deutschland durch seine Soziale Marktwirtschaft noch allseits bewundert wurde. Nun musste ich erleben, wie Stein für Stein aus diesem einst stolzen Gebäude verschwand. Schlimmer noch: als ehemaliger Insider sah ich die Spitzenbeamten vor Augen, die an diesem Steinbruch tatkräftig mitgearbeitet hatten oder noch arbeiteten.

Ich glaubte zu erkennen, wie sich die deutsche Bevölkerung über die Jahre durch eine immer einseitigere Medienlandschaft zunehmend verdummen liess. Selbst Presseerklärungen des Statistischen Bundesamtes und anderer amtlicher Stellen musste man an Hand der Originaldaten mühsam überprüfen, was normale Journalisten in ihrer Bequemlichkeit und unter ihrem Termindruck immer seltener taten. Dementsprechend hiess mein „Standardwerk" von 2008 „Globalisierung: Legende und Wahrheit: Eine Volkswirtschaftslehre für nicht ganz Dumme". Eigentlich lag mir bei meinen Büchern, wie auch bei den Rundbriefen und der Webseite „Infoportal", immer die Aufklärung am Herzen.

Ein Buch für die Gewerkschaften

Das Buch mit der höchsten Auflage fand schliesslich 2006 einen Verlag, weil der Druck von der Otto Brenner Stiftung der IG Metall subventioniert und mit der Abnahme einer Startauflage zur Verteilung bei den Gewerkschaftsmitgliedern unterstützt wurde. Unter dem Titel „Falsch globalisiert: Schlaglichter auf die herrschende Wirtschaftskonzeption" setzt es sich kritisch mit der Globalisierung auseinander, was für die Gewerkschaften zu dieser Zeit sicher noch ein ziemlich fremdes Thema war. Es wurde bei einer Veranstaltung der IG Metall in Frankfurt im Beisein des Vorsitzenden Jürgen Peters und des

Wirtschaftsprofessors Peter Bofinger, der die Gewerkschaften im Sachverständigenrat zur Begutachtung der gesamtwirtschaftlichen Entwicklung vertritt, vorgestellt. Für mich, der ich eigens von einem Urlaub auf Madeira angereist war, war es eine ziemlich enttäuschende Erfahrung. Im Publikum waren kaum Journalisten und dafür umso mehr Mitglieder der aus den Geschäftsräumen der IG Metall herbeizitierten Gewerkschaftsbürokraten. Unter einer strikten Leitung der Buchvorstellung durch die Geschäftsführerin der Otto Brenner Stiftung gelang es mir nur notdürftig, das Gespräch auf die von mir aufgezeigten Probleme zu bringen.

Zu dieser Zeit sah sich die IG Metall durch den boomenden Export noch voll und dementsprechend unkritisch auf der Gewinnerseite der Globalisierung und sah wohl ganz Deutschland in dieser Situation, ohne auf die Benachteiligten Rücksicht zu nehmen. Man erinnere sich auch an den Vorgänger von Peters im Vorsitz der IG Metall Klaus Zwickel. Diesem war im Mannesmann-Prozess zusammen mit Ackermann (Deutsche Bank) und Ladberg (Gesamtbetriebsratschef Mannesmann) Untreue wegen der exorbitanten Abfindungen für Mannesmann-Chef Esser vorgeworfen worden. Das V-Zeichen von Ackermann am Ende des Prozesses wird den Lesern vielleicht noch in Erinnerung sein.

Die deutschen Gewerkschaften haben sich schon sehr früh für die Exportweltmeisterschaft begeistert, bis sie an China verloren ging, obwohl die nur über Lohnverzichte erreichbar war. So hat beispielsweise der DGB in seiner Informationsschrift „Standort 2001: Deutschland in solider Position" den „Aussenhandel auf Rekordkurs" und „Deutschland ist Exportweltmeister" gefeiert. In „Reformanstösse des DGB für Wachstum und Beschäftigung, Bildung und Innovation" vom Januar 2004 wird die „ausserordentliche erfolgreiche Exportnation" betont. Die wirtschaftliche Leistungsfähigkeit zeige sich trotz schwieriger weltwirtschaftlicher Rahmenbedingungen an der „Stärke der deutschen Exportwirtschaft". Und in seinem Aufruf zum 1. Mai 2003 freute sich DGB-Chef Sommer, dass die Regierung erkannt habe, „dass nur eine auf Innovation gepolte Wirtschaft ... eine Chance hat, ihren Spitzenplatz als Exportweltmeister zu sichern."

Nirgendwo wurde von den Gewerkschaften jahrelang der notwendige und immanente Zusammenhang zwischen der Exportweltmeisterschaft und der Niedriglohnentwicklung problematisiert und die längst überfällige Kritik an der total einseitigen Exportorientierung vorgetragen. Erst nachdem das Kind im Brunnen war, hiess es nun in der DGB-Schrift von 2009 „Lehren aus der Krise - Die Spaltung unserer Volkswirtschaft überwinden": „Die stark exportabhängige deutsche Volkswirtschaft muss ihr Wachstum künftig besser ausbalancieren. Die Spaltung unserer Volkswirtschaft in eine hoch wettbewerbsfähige Exportindustrie und eine billige binnenmarktorientierte Dienstleistungsökonomie muss überwunden werden."

Ich hatte mich also mit meinem Buch bei der IG Metall in eine „Höhle des Löwen" begeben und war heil, wenn auch ziemlich frustriert, dafür aber weiser wieder herausgekommen. Soviel zu meinen Büchern.

Seit 2005: Das Infoportal und die Rundbriefe

Beim Bücherschreiben konnte es nicht bleiben, schon weil ich eine Internetpräsenz brauchte, um die Bücher überhaupt an Mann oder Frau zu bringen, und weil sehr viele Menschen aufgegeben haben, Bücher zu lesen. Allerdings ist das Internet ein rasantes Medium, bei dem die Interessenten wie Insekten im Sekunden- oder spätestens Minutentakt von einer Webseitenblühte zur nächsten fliegen. Ich stürzte mich 2005 in dieses Abenteuer und musste zunächst lernen, wie das technisch läuft, da ich in dieser Beziehung damals ein Einzeltäter ohne Webmanager war und immer noch bin. Webseiten wurden mit der Zeit immer ansprechender und immer bebilderter und damit kurzweiliger. Sie finanzieren sich nun sehr oft mit Werbeeinnahmen, so dass sie umso attraktiver aussehen und ihre Berichte nicht selten umso parteiischer und in der Regel aufhetzender ausfallen müssen.

Da mitzuhalten, ist für das Infoportal nicht einfach. Von Anfang an startete ich mit der Veröffentlichung meiner Rundbriefe, die an einen wachsenden Empfängerkreis von Selbstbestellern verschickt wurden. Sie entschleunigten für die Empfänger praktisch die Hetze am Netz, zumal ich sie nach einiger Zeit auch in einer Druckversion zur Verfügung stellte. Wie ein hungriges Raubtier muss man eine Webseite fast täglich neu füttern, weil sich sonst Interessenten nach vergeblichem Anklicken abwenden. Das war eine sehr mühsame Arbeit. Im Ergebnis stiegen die täglichen Seitenaufschläge bis auf 9.000 hoch, was natürlich auch von der Verlinkung durch andere stark besuchte Webseiten abhing.

Bei mir setzte wegen der Ganztagsbeschäftigung ohne Wochenenden und Urlaube mit der Zeit Ermüdung ein, so dass ich die Fütterung der Webseite herunterfahren musste. So sind bisher rund 3 Millionen Seitenaufschläge zusammengekommen und viele mehr, die nicht registriert werden konnten. Viele meiner Besucher dürften sich jedoch nur kurz bei mir aufgehalten haben, vor allem diejenigen, die sich herein gegoogelt hatten. Die Zahl der Rundbriefempfänger schwankte ebenfalls, stieg zeitweilig auf über 2.000 und liegt nun wieder solide bei über 1.000. Darunter befinden sich von mir besonders geschätzte Multiplikatoren, von den Gewerkschaften, den Universitäten, Schulen und einige aus der Politik, die also Nachrichten und Beurteilungen beruflich weitergeben können. Das gilt natürlich auch für die sehr geschätzten Rundbriefempfänger, die ihren eigenen privaten Kreis für eine Weitergabe haben.

Bisher sind mit der Zeit über 3.500 Rundbriefe entstanden, die mit Zehntausenden von Grafiken ausgerüstet wurden. Dahinein ist sicher noch weit mehr Zeit und Mühe gegangen als in meine Bücher. In letzter Zeit habe ich den Rundbriefempfängern die Möglichkeit eingeräumt, die Rundbriefe mit Punkten von 1 bis 5 zu bewerten und zusätzliche Kommentare anzubringen. Die Reaktion ist fast immer sehr positiv und mit viel Dankbarkeit.

Ich habe seit Jahren schon aufgegeben, mich auf anderen Blogs gegen falsche Unterstellungen und Beleidigungen zu wehren. Das Klima auf den Blogs ist meist so unerfreulich und oft irrational, dass man nur Zeit und Nerven verlieren kann. Leider arbeiten viele dieser Blogs nur im Sinne einer Verdummung und achten dabei auf die Werbeinnahmen, die sie durch Klicks der Besucher erzielen. Weit verbreitet geistern Verschwörungstheorien herum, die die Produkte nicht appetitlicher machen. Bewusst finanziere ich das Infoportal voll selbst und habe mich damit nicht von Werbeeinnahmen oder irgendwelchen Spendervereinen abhängig gemacht. Es ist bedauerlich, dass zunehmend die grossen Zeitungsverlage mit ihren Webportalen auch das Internet übernommen haben, zumal sie über die Mittel für eine besonders attraktive und ständig aktuelle Ausgestaltung verfügen. Sie können es sich seit einiger Zeit sogar leisten, Teile ihrer Webseiten nur auf Bezahlbasis zu öffnen.

Themen und Streitpunkte

Globalisierung und China

Meine Webseite „Infoportal" startete am 7. März 2005 mit den ersten drei Klicks, die wahrscheinlich meine eigenen waren. Der erste dort veröffentlichte Rundbrief war vom 13. April 2005 (siehe Anhang) und wurde noch an einen kleinen Kreis von mir bereits bekannten Interessenten versandt. Er beschäftigte sich mit China, dessen unfaire Konkurrenz mir schon damals Sorgen machte.

Bei diesem Thema kam es sehr bald zu einem Streit mit einer anderen Webseite, die unter dem Namen „NachDenkSeiten" auch erst seit Ende 2003 existierte. Ihren Herausgeber Albrecht Müller kannte ich noch aus meiner Zeit im Bundeswirtschaftsministerium, wo er mich wiederholt als damals SPD-Hinterbänkler besucht hatte. Ich bot ihm an, er könne einige Beiträge von mir übernehmen, und so kam es über die folgenden Monate zur Zusammenarbeit beider sozialpolitisch ähnlich eingestellter Webseiten. Was Müller jedoch gar nicht gefiel, war meine kritische Einstellung zur Globalisierung und auch zu China. Er hatte 2004 ein Buch unter dem Titel „Die Reformlügen" geschrieben, in dem er die Globalisierung als einen „alten Hut" bezeichnete, mit dem man schon zu seiner Zeit im Bundeskanzleramt in den 70er Jahren leicht fertig geworden sei. Also zensierte er alle meine Beiträge zu Globalisierungsfragen aus seiner Webseite heraus. Es kam dann 2006 zu einem unerfreulichen Streit, der unsere Zusammenarbeit beendete.

Das ging so weit, dass er mir öffentlich bei diesem Thema Panikmache vorwarf: „.. reiht sich Jahnke leider über weite Strecken in die Gruppe der Anti-Aufklärer ein, die mit Panikmache ihre politischen Ziele zu verfolgen versuchen." China war für ihn nur ein weiteres auf Dauer als Konkurrent ungefährliches Japan, obwohl die zu Niedrigstlöhnen arbeitsuchende Bevölkerung Chinas um mehr als das Zehnfache grösser als die Japans in der gleichen Entwicklungsphase war und Japan ein relativ egalitäres System hatte, das - anders als China - schnell zum Hochlohnland wurde. Albrecht Müller war bei China eng mit Heiner Flassbeck, dem damaligen Chefstrategen der von China stark beeinflussten Entwicklungsländerorganisation UNCTAD liiert. Der war auf dem China-Auge schon kraft Arbeitgeber und Funktion seit jeher total blind. So meldete sich Albrecht Müller in NachDenkSeiten unter der Überschrift „Daten zur neueren Entwicklung lassen die China-Warner alt aussehen": „Es ist in manchen Kreisen üblich vor der gelben Gefahr zu warnen. Es wird sehr grobschlächtig argumentiert und suggeriert, demnächst würden Millionen Chinesen vor unserer Tür stehen. Die neuesten Zahlen zeigen, dass erstens China die Finanzkrise erstaunlich gut meistert, zweitens viel für die innere Wirtschaftsentwicklung tut und drittens die Exporte eher ab als zunehmen."

Nun warnte ich wirklich nicht davor, dass sich die Chinesen vor unseren Türen versammeln. Doch warnte ich, wie viele andere, davor, den Dumpingexport aus China auf die leichte Schulter zu nehmen. Ich denke, dass mir die historische Entwicklung der Globalisierung und Chinas über die seitdem vergangenen zehn Jahre Recht gegeben hat. Die weit übertriebene Globalisierung wird inzwischen von grossen Teilen der Menschen in den alten Industrieländern als Gefahr erkannt. Bei China laufen in der WTO die meisten Anti-Dumping-Verfahren, und sowohl die USA wie die EU sind nicht bereit, die besonderen Abwehrinstrumente gegen chinesisches Dumping aufzugeben. Auch Albrecht Müller musste schliesslich mit seiner Webseite beim Transatlantischen Freihandelsabkommen TTIP, dem Herzstück der jüngsten Globalisierungsbemühungen, auf einen kritischen Kurs gegen diese Form neoliberaler Globalisierung einschwenken.

Auch in meinen Rundbriefen haben TTIP und das entsprechend Abkommen mit Kanada CETA sehr kritische Spuren hinterlassen. An dieser Front muss sich zeigen, ob es mit der neoliberalen Globalisierung so weitergehen kann wie bisher und ob es nun gar noch zu einer zusätzlichen gravierenden internationalen Gewichtsverlagerung zwischen den Regierungen einerseits und den multinationalen Unternehmen kommt, bei der neue Schiedsgerichte das Sagen haben und Regierungen mit Schadensersatzforderungen in riesigen Höhen von ihrer Aufgabe zur Verteidigung des Allgemeinwohls abgehalten werden können (bei TTIP blockiert jetzt Trump).

Den jüngsten Rundbrief zur Globalisierung vom 25. Januar 2017 finden Sie im Anhang (ohne Abbildungen).

Der Euro und seine Krisen

Schon wenige Wochen nach diesem Rundbrief zu China erschienen meine ersten zu den Problemen der Eurozone und des Euros - zunächst einer, der sich mit der unterschiedlichen Preisentwicklung befasste, gefolgt von einem anderen zu den gegenüber den Europartnern stark wachsenden deutschen Handelsbilanzüberschüssen. Dies ist dann sehr bald und bis heute zu einem Schwerpunktthema meiner Analysen geworden. Dabei ist der Euro in meinen Augen ein besonders leichtfertiges Unternehmen im Rahmen der von der EU angestrebten Globalisierung und vergiftet inzwischen die gesamte EU.

Er war die Kopfgeburt weniger, wirtschaftsunerfahrener Spitzenpolitiker und ihrer technokratischen Mitarbeiter, die auf die unterschiedlichen Wirtschaftskulturen so vieler verschiedener Länder und Völker überhaupt keine Rücksicht nahmen, als sie den Menschen die Einheitswährung überstülpten. So sind die an das Mittelmeer grenzenden Länder und Portugal, die mit 58 % die grosse Mehrheit der Bevölkerung der Eurozone stellen, nun schon seit zehn Jahren im Krisenmodus. Sie kämpfen seitdem mit stagnierender Wirtschaft, hoher Arbeitslosigkeit, steigender Staatsverschuldung und ohne die Möglichkeit, sich durch eine Währungsabwertung vom Wettbewerbsdruck der überlegenen deutschen Wirtschaft befreien zu können. Die Arbeitslosenrate liegt in den Krisenländern bei gewichtet durchschnittlichen 14,6 %, während sie bei den „Nordlichtern" nur 6,1 % beträgt. Durch eine besonders hohe Jugendarbeitslosigkeit kommen ganze Generationen nicht in den Arbeitsmarkt. Die Staatsverschuldung stieg zwischen 2007 und 2015 in den Krisenländern und dem ebenfalls von der Finanzkrise betroffenen Irland um gewichtete 83 %, bei den anderen Ländern dagegen nur um 27 % oder zwei Drittel weniger. Klarer und bitterer könnte die Eurozone nicht zerrissen sein.

Seitdem versucht die EZB mit einer Liquiditätslawine von der Notenpresse und einem real negativen Zentralbankzins gegen die Krise anzukämpfen. Hemmungslos stützt sie die Regierungen der Krisenländer, indem sie deren Anleihen aufkauft. Sie tut das ohne Rücksicht auf die Sparer unter den

„Nordlichtern", deren Ersparnisse zugunsten der Schuldner in den Krisenländern brutal verkürzt werden. Dennoch hat sie bisher wenig gegen die Stagnation und Arbeitslosigkeit erreicht und hat auch den Anstieg der Verschuldung in den Krisenländern nicht bremsen können.

Bildung und Mobilität

Besonders interessierte ich mich immer, schon wegen meiner eigenen Lebenserfahrung, für den Themenkomplex von Bildung und Aufstiegsmobilität oder Chancengleichheit. Ihm sind viele Rundbriefe und mein Buch „Die verkrustete Gesellschaft" gewidmet. Tatsächlich sind, wenn man an den Bildungsergebnissen misst, Kinder aus ärmeren Familien in Deutschland stärker benachteiligt als in den meisten anderen Vergleichsländern, ein gerade wegen der ungünstigen demographischen Entwicklung schlimmer Zustand.

Kinder kommen in Deutschland schon mit extrem unterschiedlichen Chancen ins Schulalter, je nach Bildungshintergrund der Eltern, Migrationshintergrund, Hartz-IV oder nicht, sowie sonstiger Schichtung. Deutschland leistet sich eine frühkindliche Erziehung, die mit zu fast einem Viertel weit mehr als in den meisten anderen Ländern privat finanziert wird und damit eine Klassengesellschaft in die nächste Generation vorprägt. Unter 25 Vergleichsländern haben nur fünf einen noch höheren Anteil privater Finanzierung.

Umso wichtiger wäre es, möglichst viele dieser Unterschiede durch ein gutes Schulsystem auszugleichen, was schwer genug ist. Doch das deutsche Grundschulsystem, in dem die Weichen für die spätere Entwicklung von Kindern aus allen Gesellschaftskreisen gestellt werden, ist weiterhin vergleichsweise schlecht finanziert. Sehr viele Länder, vor allem die skandinavischen und die Schweiz, setzen pro Schüler wesentlich höhere Mittel ein, etwa ein Viertel oder noch höher mehr als Deutschland. Auch ist das Zahlenverhältnis von Schülern pro Lehrer mit etwas über 15 nicht besonders günstig. Mit immer mehr Flüchtlingskindern aus anderen sprachlichen und kulturellen Räumen wird der Schulunterricht in grossen Klassen erst recht gehandikapt sein. So schicken schon jetzt immer mehr Eltern, die es sich leisten können, ihre Kinder auf private Schulen und erhöhen so, wenn auch aus verständlichen Gründen, die soziale Spaltung im Lande.

Die ökonomisch-soziale Situation der Eltern ist in Deutschland für die schulische Leistung wichtiger als in der Mehrzahl der anderen Länder. Das gilt z.B. für die Lesefähigkeit, wo Deutschland bei der unteren sozialen Schicht im ungünstigsten Fünftel des OECD-Vergleichs liegt. Auch ist der Anteil der Schüler aus dem unteren sozialen Viertel, deren Leistungen trotzdem im obersten Viertel liegen, vergleichsweise sehr gering, ebenfalls eine Platzierung im ungünstigsten Fünftel. Nach der OECD-Berechnung ist an deutschen Schulen für Kinder aus der unteren sozialen Schicht die „Wahrscheinlichkeit" des Versagens in der Basisqualifikation Mathematik um 4,6-mal grösser als für Kinder aus der Oberschicht. Nur noch Belgien, die Slowakei und Ungarn haben unter 29 untersuchten Staaten noch schlechtere Werte. Ebenso ist die Wahrscheinlichkeit, keinen Hochschulabschluss zu erreichen, 3,1-mal grösser; das ist fast doppelt so hoch wie in Finnland und wird nur noch von Ungarn übertroffen.

Kinder mit Migrationshintergrund sind in Deutschland besonders schlecht dran. Das lässt Schlimmes befürchten, wenn in den kommenden Jahren Kinder und Jugendliche aus der Welle von 1,5 Millionen Flüchtlingen der Jahre 2015 und 2016, die ohne Sprachkenntnisse und mit meist niedrigem Bildungsniveau der Eltern eingetroffen sind, in Deutschland integriert werden müssen. Weder die Schulen, noch die Gesellschaft insgesamt sind darauf eingerichtet.

So stellt der neueste Pisa-Bericht vom Dezember 2016 zu Deutschland fest: „Wer aus einem wirtschaftlich und sozial gut aufgestellten Elternhaus stammt, hat weiterhin deutlich bessere Chancen auf gute Schulleistungen als Schüler aus einem schwachem Umfeld." Beispielhaft ist in nur vier

Vergleichsländern von 34 die Leistungsvarianz in Naturwissenschaften so eng mit dem sozioökonomischen Status der Eltern verbunden wie in Deutschland.

Der Bildungsaufstieg aus bildungsfernen Milieus gelingt in Deutschland nur noch vergleichsweise selten. So erreicht nur einer von zehn 25- bis 44-Jährigen aus bildungsfernem Milieu (beide Elternteile haben keinen Sekundar-II Abschluss) einen Tertiärabschluss. Nur in fünf Staaten ist die Mobilität noch geringer. Dagegen ist beispielsweise dieser Anteil in Frankreich zweieinhalbmal höher. Beim Anteil der tertiären beruflichen und akademischen Abschlüsse unter 25 bis 34 Jahre alten Menschen liegt Deutschland mit 30 % auf dem zweitschlechtesten Platz. Das ist trotz der unbestreitbaren Qualitäten des dualen Systems kein gutes Ergebnis.

Diese Situation ist umso besorgniserregender, als die Mobilität ohnehin schon unter einer durch Erbschaften vermittelten fortschreitenden „Feudalisierung" der Gesellschaft leidet. In Schweden, das eigentlich besonders auf Mobilität und Überwindung von Ungleichheit achtet, hat jetzt eine neue Untersuchung bewiesen, dass nicht nur das Eltern-Kind-Verhältnis die Mobilität bestimmt, sondern die gesamte Familien-Dynastie zu berücksichtigen ist, also auch Tanten, Onkel und weitere Verwandte der Eltern. Dann zeigt sich, dass die traditionelle Eltern-Kind-Betrachtung etwa die Hälfte der intergenerationellen Beharrung unterschlägt. Die Weitergabe von Schulbildung (Länge in Jahren), lebenszeitlichem Familieneinkommen und berufsabhängigem sozialem Status spielt sich also nicht nur innerhalb der engeren Familie sondern noch viel stärker einer ganzen Dynastie von Verwandtschaft ab.

Die Steuer auf Erbschaften ist in Deutschland besonders niedrig. Unternehmenserben sind seit einigen Jahren völlig von der Erbschaftssteuer befreit, wenn sie das Unternehmen weiter führen. Insgesamt erbrachte die Erbschaftssteuer 2014 nur noch 0,9 % des gesamten deutschen Steueraufkommens. Dabei erhöhte sich nach Mitteilung des Statistischen Bundesamts seit Inkrafttreten des Erbschaftsteuerreformgesetzes im

Jahr 2009 bis 2013 das in Deutschland geschenkte Vermögen auf mehr als das Dreifache, das geerbte Vermögen wuchs in diesem Zeitraum um rund 42 %. Durchschnittlich entfiel darauf eine Steuer von gerade einmal 8 %. Die Chancengleichheit ist in Deutschland über die letzten Jahre den ständig wiederholten Versprechen der Politik zum Trotz immer mehr zurückgegangen. Nimmt man dazu die Auswirkungen der Globalisierung und den Fortschritt der Konkurrenz aus der Automatik, so darf man sich über den sich in weiten Kreisen der Bevölkerung ausbreitenden Frust, der neuerdings in offenen Protest umzuschlagen beginnt, nicht wundern.

Soziale Aufspaltung

Ein anderes Thema, das mich immer wieder und immer stärker beschäftigte, war die zunehmende soziale Aufspaltung Deutschlands, die ich vor allem als eine Folge des durch die Globalisierung ausgelösten Wettbewerbs beurteilte. Auch dazu gab es bald Rundbriefe, und schon unter Nr. 32 wurde die wachsende Ungleichheit der Einkommen behandelt. Diese Entwicklung wurde zum Hauptthema meiner Analysen. Seitdem hat sich Armut in Deutschland erheblich ausgebreitet, darunter besonders bedrückende Kinderarmut. Auch schützt Arbeit nicht mehr vor Armut, so dass der Anteil der trotz Arbeit Armen über die 10 Jahre bis 2015 von unter 5 % auf fast das Doppelte gestiegen ist - nun einer der höchsten Anteile in W-Europa und nur noch von den Euro-Krisenländern übertroffen. Mehr als 2 Mio. Haushalte mit 4,2 Mio. Menschen galten 2015 als überschuldet. Das deutsche Armutsrisiko insgesamt wird in W-Europa nur noch von den Euro-Krisenländern und Grossbritannien übertroffen. Seit den 90er Jahren ist nur in USA und Grossbritannien die Ungleichheit noch stärker gewachsen.

Wie aus neuen Zahlen der Bundesregierung und des Statistischen Bundesamtes hervorgeht, kann mehr als die Hälfte der Beschäftigten in Deutschland im Alter nur mit einer gesetzlichen Rente auf Grundsicherungsniveau (Sozialhilfe) rechnen. Den Angaben zufolge ist aktuell ein monatliches Bruttogehalt von 2.330 Euro notwendig, um im Laufe eines durchschnittlich langen Arbeitslebens von 38 Jahren eine Rente in Höhe der staatlichen Grundsicherung im Alter zu erzielen. Von den gut 37 Millionen Beschäftigungsverhältnissen, die in der aktuellen Verdienststrukturerhebung des Statistischen Bundesamtes für das Jahr 2014 erfasst wurden, verdienten jedoch rund 19,5 Millionen Beschäftigte weniger als 2.330 Euro im Monat. Damit bekämen 52 % der Beschäftigten im Alter eine Rente von weniger als 795 Euro. Das ist der aktuelle bundesdurchschnittliche Grundsicherungsbedarf im Alter. Deutsche Rentner müssen also erhebliche zusätzliche Einkünfte haben, um Altersarmut zu entgehen.

Nach Fratzscher, dem Präsidenten des Deutschen Instituts für Wirtschaftsforschung (DIW), ist das reale Einkommen mehr als jedes dritten Haushalts in den vergangenen 15 Jahren geschrumpft. Mehr Menschen arbeiten in prekärer Beschäftigung, oder sie würden gerne mehr arbeiten und damit auch mehr Geld verdienen. Die Ungleichheit der Einkommen der unter 40-Jährigen ist heute doppelt so hoch wie in der Generation ihrer Eltern.

Die meisten Bundesbürger besitzen zudem deutlich weniger Vermögen als andere Europäer, wie aus einer Studie der europäischen Zentralbank hervorgeht. Danach sammelt der mittlere deutsche Haushalt ein Nettovermögen von 60.000 Euro an, die Bürger im Schnitt von 18 Euro-Staaten dagegen mehr als 100.000 Euro. Dabei fällt das mittlere Vermögen selbst in allen Euro-Krisenstaaten höher aus als in Deutschland. Selbst in Italien, das gerade wegen Bankenproblemen im Fokus steht, liegt das mittlere Vermögen bei knapp 150.000 Euro. Franzosen kommen auf knapp doppelt so viel wie die Deutschen. Selbst Portugal und Griechenland weisen einen höheren Wert auf als die Bundesrepublik. Auch nach Angaben des DIW klafft das Vermögen von Armen und Reichen in

Deutschland so stark auseinander wie nirgends sonst in der Eurozone. In der Eurozone insgesamt besitzen jetzt nur 10 % der Haushalte schon mehr als die Hälfte des gesamten Vermögens.

Probleme mit der Migration

Bereits im Mai 2007, also vor fast zehn Jahren, erschien unter dem Titel „Deutschlands Immigranten: Hier kommt noch eine Unterklasse" meine erste kritische Analyse der Grenzen unserer Integrationsfähigkeit bei Ausländern aus total fremden Kulturräumen. Doch erst im Jahr 2015 hat Bundeskanzlerin Merkel die Fehler bei der Integration der frühen türkischen Gastarbeiter eingeräumt und angesichts der neuen Millionen-Welle versprochen, es besser zu machen. Neben der sozialen Entwicklung spaltet nun die Flüchtlingspolitik zunehmend die Nation. Wer sich hier kritisch äussert, wie ich das getan habe, wird sehr schnell als AfD-Anhänger, Rassist oder Rechtsradikaler verteufelt. So habe auch ich einige Vorwürfe in diese Richtung erhalten. Einige Menschen bestellten die Rundbriefe wegen meiner kritischen Analysen zu diesem Thema und meiner darauf aufbauenden Kritik an der Bundeskanzlerin einfach ab.

In meiner Beurteilung waren die gegen mich erhobenen Vorwürfe unbegründet, da ich immer versucht habe, mich an den Fakten zu orientieren. Einer, ein Gewerkschaftler von Ver.di, mit dem ich bereits seit Beginn meiner Webseite korrespondiert hatte, schrieb mir zu meinem Rundbrief nach dem Terrorangriff auf den Berliner Weihnachtsmarkt: „Inzwischen sind Sie argumentativ auf dem Niveau der AFD gelandet. Bislang hatte ich Sie noch gegenüber kritischen Kollegen/innen in Schutz zu nehmen versucht. Nun muss ich einsehen, die Kollegen/innen haben recht! Bitte streichen Sie mich aus Ihrem Mailverteiler."

Ich antwortete ihm: „Ich habe ausdrücklich den Vorwurf der AfD, die Opfer in Berlin seien Merkels Tote, nicht übernommen. Ich habe mich immer wieder vom Programm der AfD, das ich im Sozialen für rechtsreaktionär und im Nationalen als „ewig gestrig" betrachte, distanziert und in keinem meiner zahlreichen Rundbriefe auch nur einmal Sympathie für die AfD gezeigt. Aber nicht jeder, der Kritik an Merkels Flüchtlingspolitik betreibt, sollte dieser Partei zugeordnet werden. Sonst können wir die Demokratie in Deutschland gleich aufgeben. Was ich jetzt auf der Basis von besorgten Reaktionen zahlreicher Leser meiner Rundbriefe befürchte und auch aus vielen besorgten Medienkommentaren entnehme, ist, dass wir einen anhaltenden und höchstgefährlichen Riss durch die deutsche Gesellschaft bekommen, der noch zu den sozialen Verwerfungen hinzukommen wird. Je weniger man bereit ist, berechtigte Besorgnisse eines sehr grossen Teils der deutschen Bevölkerung ernst zu nehmen und sie gleich Pegida, AfD oder anderen Extremen zuordnet, umso tiefer wird dieser Riss werden. Das gilt umso mehr, als wir die gleiche Entwicklung auch in vielen anderen Ländern beobachten und sich diese Bewegungen durchaus gegenseitig hochschaukeln können.

Sie können der Meinung sein, dass Merkel keine Fehler gemacht hat, die mit dem Terroranschlag zusammenhängen. Ich habe eine andere Meinung und sie auch ziemlich sachlich dargestellt. Deswegen ist keiner von uns beiden ein Extremist. Um es noch einmal in aller Kürze auszuführen: Die von Merkel betriebene Flüchtlingspolitik mit der Ankunft von 1,5 Mio. Flüchtlingen im Laufe weniger Monate und sehr oft absichtlich ohne jede Ausweispapiere hat die Ausländer- und Polizeibehörden weit überfordert. Das hat in meiner Beurteilung und der vieler anderer Beobachter nicht unwesentlich zum Versagen der Ordnungsbehörden beigetragen, ob der Täter nun über die Balkanroute kam und ein klassischer Flüchtling war oder nicht (immerhin hatte er Asyl beantragt und war für die Abschiebung vorgesehen). Ausserdem hat die gleiche Flüchtlingspolitik Abschiebungen erschwert, weil aus Angst, mit dem Finger auf Flüchtlinge zu zeigen, die Vorschriften sogar über den Umgang mit abzuschiebenden „Gefährdern" nicht verschärft wurden, so dass der Täter nach nur 2 Tagen aus der Abschiebehaft wieder freigelassen werden musste. Erst jetzt soll das geändert werden. Ebenso entsprechen die starken öffentlichen Proteste gegen Abschiebungen nicht unserer Sicherheitslage, jedenfalls wenn sich straffällig gewordene Flüchtlinge darunter befinden, wobei Frau Merkel bisher kein einziges Wort gegen diese Proteste gesagt hat.

Sehr viele Beobachter, die Sie nicht so wie mich der AfD zuordnen würden, teilen die Meinung, dass dieser Vorfall die Wiederwahl von Frau Merkel gefährdet. Das kann man bei einem Politiker durchaus als persönlichen GAU bezeichnen. "

Für mich jedenfalls lässt sich Migration und Globalisierung nicht trennen. Vor allem die Wirtschaftsmigration wird durch die globale Kommunikation über unseren Lebensstandard angeschoben. Merkels Selfies Wange an Wange mit Flüchtlingen gingen mit demselben Effekt um die Welt.

Neben der deutschen Gesellschaft wurde auch die EU durch den Umgang mit Flüchtlingen schrecklich gespalten. Unsere Nachbarn nahmen das deutsche Verlangen nach Weiterverteilung von in Deutschland angekommenen Flüchtlingen schlecht auf. Ausserdem wurde die von Merkel noch angeheizte Flüchtlingslawine zu einem der Gründe für den Brexit und damit zum ersten und sehr dramatischen Rückschritt beim Versuch der EU, sich als globale Kraft auszudehnen.

Eine sich zuspitzende Umweltkrise

Was in der Umwelt und besonders beim Klima passiert, ist eine extrem schleichende Krise, die deshalb immer wieder über all den anderen Krisen vergessen wird. In den Rundbriefen habe ich deshalb gerade diese Entwicklung ständig analysiert. Das hat mir öfters wütende Proteste und Abbestellungen von Rundbriefen von Menschen eingetragen, die den Zusammenhang mit menschlichem Tun und unserem rücksichtlosen Lebensstil nicht akzeptieren und sich erst recht nicht anpassen wollen.

Schon der Rundbrief 12 berichtete 2005 über die ständig steigenden Emissionen an Kohlendioxid, gefolgt von Rundbrief 60 über die Umweltschäden, die die Astronauten damals selbst aus dem Weltraum sehen konnten. Seit 1980 sind die globalen Emissionen, wie sie vom Mauna Loa Observatory der US National Oceanic and Atmospheric Administration auf Hawaii in gleitenden 12-Monatswerten festgestellt werden, bereits um ein Fünftel gestiegen. Diese Entwicklung begann ziemlich genau mit dem Industrierevolution des 19. Jahrhunderts und wurde mit der Industrialisierung Chinas noch einmal zusätzlich angeschoben. Die Stickoxyd-Emissionen, die pro Einheit noch klimarelevanter sind und vor allem von der Viehzucht und dem Kfz-Verkehr kommen, steigen ebenfalls unaufhaltsam.

Seit meiner Analyse von vor fast 12 Jahren sind die Gletscher auf den Alpen und die gigantischen Eisschilde an den Polen, besonders in der Arktis und hier auf Grönland, weiter abgeschmolzen. Kurz vor Weihnachten 2016 meldeten die beobachtenden Wissenschaftler, die Temperaturen am Nordpol seinen derzeit 20 Grad höher als im Durchschnitt der Jahre, für polare Verhältnisse eine regelrechte Hitzewelle, wie sie äusserst selten und allenfalls alle 1.000 Jahre stattfänden. Schon im November und Dezember waren die Temperaturen um 5 Grad über normal gewesen, und während des vorausgegangen Sommers war die arktische See-Eisfläche auf den zweitkleinsten Umfang geschrumpft, seit Satellitenmessungen stattfinden. Die Wissenschaftler sehen einen direkten Zusammenhang mit menschlicher Tätigkeit. Ihre Modelle sagen nun eine 2 % Chance voraus, dass sich gleiche Hitzewellen jedes Jahr wiederholen. Das Jahr 2016 übertraf noch den Hitzerekord von 2015 und war das wärmste Jahr in 122 Jahren solcher Messungen zu werden. Auch verzeichnete 2016 die höchste bisher gemessene Temperatur der See-Oberfläche.

Die demographische Krise

Schließlich habe ich mich immer wieder um die demographische Entwicklung gekümmert, wo Deutschland die höchste Zahl kinderloser Frauen unter entwickelten Industrieländern aufweist und wo sich die Folgen der Globalisierung mit Überalterung besonders nachdrücklich zeigen.

Nachwort und Nachdenkliches

Es ist nicht einfach, hinter die Wahrheiten der Globalisierung unserer Welt zu kommen. Meine bisher 12 Jahre mit dem Infoportal waren ein ständiger Kampf um die Wahrheit, ein ständiges Hinterfragen aller Quellen, einschliesslich der amtlichen. Es war ein ständiges Ringen mit der notwendige Kürze und Verständlichkeit bei oft sehr komplizieren Zusammenhängen, um diesem schellen Medium gerecht zu werden. Es war teilweise zugleich ein Kampf gegen andere irreführenden oder einseitigen Medien und oft solche, die sich selbst ebenso auf der linken Seite des sozial-politischen Spektrums verorten wollten.

Ohne meine beruflichen Insider-Erfahrungen, meinen internationalen Zugang von Deutschland, Grossbritannien/Irland und Frankreich her und meine Mehrsprachigkeit wäre diese Arbeit nicht möglich gewesen. Ebenso wenig hätte ich sie ohne die Erfahrung mit graphischen Programmen und der Internettechnik leisten können.

Oft habe ich mir gewünscht, dass auf sehr viel mehr Webseiten das Ringen um die Wahrheit, vor allem im Umgang mit der Globalisierung und ihren Auswüchsen, ähnlich ernsthaft betrieben würde. Es braucht einfach viel mehr alternative Information, die nicht in Verschwörungstheorien, falsche Parteilichkeit oder gar Hetze abgleitet. Wir stehen wieder einmal, so scheint es, an einer Wegkreuzung, einem Wendepunkt, wo sich erweisen muss, ob die verschiedenen Risse in den Gesellschaften, zumal in der deutschen, überhaupt noch zu kitten sind und das mehr als nur notdürftig. Nur wenn das gelingt, wird auch unser demokratisches System nachhaltig zu erhalten sein. Dazu ist enorm viel Ehrlichkeit im Umgang mit den Basisdaten und Fakten nötig.

Wenn man gegen 78 Jahre geht, muss man sich natürlich fragen, ob man hinwerfen soll. Die Ermunterungen meiner Leser und Leserinnen haben mich bisher davon abgehalten, aber ebenso die Zunahme der Probleme, mit denen wir konfrontiert sind und die nach Verarbeitung drängen und, wenn sie sich nicht verarbeiten lassen, wenigstens einzuordnen sind.

Während ich diese Schlusszeilen am Ende des Jahres 2016 schreibe, wird mir noch einmal bewusst, in welchem schrecklichen Krisenmodus wir derzeit leben. Zum Heiligen Abend besuchte ich eine kleine Kirche in Deutschland. Mir fiel zunächst auf, wie wenige Kinder dort erschienen waren, obwohl der Gottesdienst um diese frühe Uhrzeit eigens auch für Kinder bestimmt war. Doch christliche Kinder sind in Deutschland offensichtlich seltener geworden. Der Pfarrer erwähnte in seiner Weihnachtspredigt die Kriege und den Terror, auch den gerade in Berlin gegen den dortigen Weihnachtsmarkt verübten. Er meinte sichtbar deprimiert, man wisse nicht, wie es weitergehe. Er endete mit der dünnen Hoffnung, dass die Friedensliebe der Christen („Friede sei mit Euch") auch die Gegner zum Frieden bringen werde. Das Schlusslied war das traditionelle „Oh, Du fröhliche ..". Und dazu meinte der Pfarrer, er habe gezögert dieses Lied vorzuschlagen.

In ihren Weihnachtsansprachen zeigten sich Politiker und christliche Würdenträger gleichermassen besorgt über den Zustand der Welt. Als ich 2005 mit meiner Arbeit am Internet begann, war man in Deutschland weit optimistischer. Und dennoch hatte die neoliberale Globalisierung der Welt bereits längst begonnen, in den wirtschaftlichen und sozialen Bereichen dunkle Wolken aufzutürmen, die dann nur zwei Jahre später zur Weltfinanzkrise führten, der weitaus schlimmsten seit 78 Jahren. Man musste sie nur sehen wollen. Man musste nur die Wahrheit suchen wollen.

Anhang: Frühe Prägung

Ich muss zunächst gestehen, dass ich immer noch sehr stark unter den Eindrücken meiner jüngeren Jahre stehe. Als der Zweite Weltkrieg am 1. September 1939 ausbrach, war ich gerade ein halbes Jahr alt. Meinen Vater habe ich nur einmal auf einem Heimaturlaub von der Front getroffen, bevor er beim Einmarsch nach Russland 1941 auf eine Mine trat. Er hinterliess meine Mutter und ausser mir noch einen jüngeren Bruder. Als Kriegswaise teilte ich am Kriegsende das Schicksal von Millionen anderer Kinder, auch wenn mich das wenig tröstete und ich es immer als mein eigenes Schicksal empfand.

Das Dritte Reich ist mir nur vage von Nazi-Aufmärschen in einem kleinen Vorort von Berlin in Erinnerung, die mich als Vier- oder Fünfjährigen beindruckt haben müssen. Genauer in Erinnerung sind mir die Besuche im Luftschutzkeller und dann das Einrücken der polnischen und später der russischen Truppen. Mein Grossvater, der als Anwalt und Notar in den zwanziger Jahren in Posen tätig gewesen war, fliessend Polnisch sprach und sich daher relativ sicher gefühlt haben musste, ging auf der Strasse spazieren und büsste dabei seine goldene Taschenuhr ein. Wenige Monate später war er verhungert, nachdem das letzte verwertbare Mobiliar an habgierige Bauern in der Umgebung verscherbelt worden war. Einmal bat ich meine Mutter um Salz, um wenigstens etwas im Mund zu haben, und Viehsalz gab es noch. Vor der Besetzung durch russische Truppen vergrub die verbliebene Familie angstvoll die Degen des Grossvaters aus dem Ersten Weltkrieg im Garten.

Eine männerlose Familie war damals besonders schlecht dran. Die spärlichen Brotrationen wurden für jeden Familienteil in einem besonderen Einweckglas aufbewahrt. Wir mussten nach Bayern und dann nach Westberlin umziehen, um nicht ebenfalls zu verhungern. Dort wurden wir bei einem enormen Wohnraummangel irgendwo in engen Räumen notdürftig einquartiert. Mit 16 Jahren verlor ich auch meine Mutter und lebte nun mit meinem Bruder von einer knappen Kriegswaisenrente. Für unsere in Ostpreussen hinterlassenen Möbel erhielten wir als angeblichen Lastenausgleich nur Kleingeld im Wert eines Zehntels. Ich halte das und meine damalige, sehr bescheidene Kriegswaisenrente auch heute noch für äusserst ungerecht, zumal diejenigen, die den Ernährer behalten hatten, nicht ausgebombt waren oder über Aktien an Unternehmen beteiligt waren, die oft noch am Krieg verdient hatten, dramatisch besser als der Rest der Bevölkerung dran waren. Erst recht ärgerte ich mich, als später der preussische Landadel und andere Grossgrundbesitzer, deren Schlösser und Grundstücke in der sowjetischen Besatzungszone von den Russen enteignet worden waren, wütend auf Kohl reagierten, weil der im Deutschlandvertrag die Rückübereignung nicht vorgesehen hatte.

In Westberlin lernte ich weiter bitterste Armut kennen. Eine nicht besonders wertvolle Armbanduhr ging weit vor Monatsende immer wieder ins Pfandhaus. Einmal musste ich aus dem Bus aussteigen, weil mir zwei Pfennige an den vom Fahrer geforderten fünfzehn fehlten. Unvergessen auch, als mich eine befreundete Familie in ihr üppiges Zuhause zum Essen einlud und dabei den kleinen Sohn ermunterte, mir fünf Pfennige von dessen Taschengeld zu spenden, was mich schockierte. Der Vater war als Zahnarzt schnell wieder zu Geld gekommen und fuhr ein grosses Auto mit Weisswandreifen, die damals bei den besser Betuchten hoch in Mode waren.

Glück hatte ich mit der Schule, denn die Lehrer waren noch von der alten, hingebungsvollen Art. So hatten wir einen Geschichtslehrer am Gymnasium, der uns frühzeitig Eugen Kogons „Der SS-Staat" lesen liess. Dieses schon 1946 erschiene Buch beschrieb im Detail die Gräuel in den Konzentrationslagern. Es grub sich tief in mein Gedächtnis ein. Noch heute muss ich, wenn ich an Ludwigshafen und der BASF vorbeikomme, daran denken, dass normale Rechnungen für die Lieferung des Giftgases ausgestellt worden waren. Ich besuchte auch die Gedenkstätte Plötzensee. Dort war im Hinrichtungsschuppen ein Stahlträger eingezogen worden, an dem acht Opfer gleichzeitig durch Hängen an Klaviersaiten hingerichtet werden konnten. Insgesamt wurden allein in den sogenannten Blutnächten 250 Häftlinge gehängt. Die Scharfrichter zogen ihnen, noch bevor das Ende kam, die Hosen herunter, um sie auch noch im Tode zu entwürdigen. Noch in der frühen Nacht trafen die Filme von der Exekution in der Wolfsschanze ein, und Hitler liess auch seine Umgebung daran teilhaben. Der Putsch sei "vielleicht das segensreichste Ereignis für unsere Zukunft gewesen", sagte er und konnte sich an den Bildern seiner überwundenen Gegner nicht satt sehen. Aufnahmen der Erhängten lagen noch Tage später auf dem grossen Kartentisch in seinem Bunker.

So auf die Grausamkeiten von Nazi-Deutschland vorbereitet, fügte sich später für mich bei Besuchen in Auschwitz, der Holocaust Gedenkstätte Yad Vashem und des Piskarjowskoje-Gedenkfriedhofs bei St. Petersburg das Bild der deutschen Verbrechen zusammen. Umso bedrückender empfand ich es bei Eintritt in die Dienste des Bundeswirtschaftsministeriums, dort noch Kollegen zu erleben, die in verantwortlichen Positionen des Dritten Reichs gearbeitet hatten. Als junger Beamter nahm ich gleich am Anfang an der obligatorischen Reise nach Berlin mit einem Abstecher in den Osten der geteilten Stadt teil. Ich besuchte dort eine Buchhandlung und stiess sofort auf das "Braunbuch der DDR" zu den ehemaligen Nazis in der Bundesverwaltung. Dazu wurden die aus dem in die Judenvernichtung verstrickten Reichswirtschaftsministerium in die Bundesverwaltung und auch in das neue Bundeswirtschaftsministerium übernommenen Beamten aufgeführt. Einigen war ich im Ministerium schon über den Weg gelaufen, bei anderen kam es noch später dazu. Darunter war der Personalchef des Ministeriums, der zu NS-Zeiten Marinekriegsgerichtsrat sowie Mitglied von NSDAP und SA gewesen war und wahrscheinlich einige alte Kammeraden ins Ministerium aufgenommen hatte. Nicht wenige hatten als Schreibtischtäter die Vernichtung der Juden mitadministriert oder hatten sonst eine sehr braune Vergangenheit, waren dann aber nach dem Krieg in hohe Ämter aufgestiegen. Hier einige Beispiele ohne Namensnennung: Blockleiter und Rechtsberater der Gaurechtsstelle der NSDAP Ostpreussen und Voruntersuchungsführer beim Kreisgericht der NSDAP in Königsberg; Sonderbeauftragter bei der faschistischen Horthy-Regierung in Budapest und SS-Führer; Leiter der Hauptabteilung Volkswirtschaft beim Reichskommissar für die besetzten norwegischen Gebiete; Mitarbeiter beim Reichsprotektor in Böhmen und Mähren in Prag und der Hauptabteilung Wirtschaft und Arbeit sowie SS-Führer (die Abteilung unterstand ab 1941 dem Stellvertretenden Reichsprotektor Reinhard Heydrich); Reichstreuhänder für die ehemaligen Rothschildschen Vermögen, aktiv an "Arisierungsmassnahmen" beteiligt; Leiter des "Judenreferats" im Reichswirtschaftsministerium und Blockleiter der NSDAP; Mitarbeiter im Judenreferat des Reichswirtschaftsministeriums; Leiter des Referates "Entjudung der Wirtschaft" im Reichswirtschaftsministerium; Oberkriegsverwaltungsrat und Gruppenleiter des berüchtigten Wirtschaftsstabes Ost, dem die Ausbeutung der im Deutsch-Sowjetischen Krieg besetzten Gebiete anvertraut war; Referatsleiter im Reichsministerium für die besetzten Ostgebiete; Stellvertretender Abteilungsleiter beim Wirtschaftsstab Ost - Chefgruppe Wirtschaft und SS-Führer.

Zu meiner frühen Prägung gehörten die Erfahrungen als sogenannter Werkstudent in den Semesterferien. Ich arbeitete einmal bei „Kölner Zucker", einem grossen Zuckerkonzern, der Rüben aus der Umgebung und importiertes Zuckerrohr verarbeitete. Diese Arbeit war leicht, weil ich nur die Unterlagen für die Gebäudeversicherung überarbeiten musste. Ich hatte Zugang zu allen Räumen, auch wo die weiblichen Arbeitskräfte arbeiteten. Besonders erschreckte mich der raue Ton unter den Frauen, die allen weiblichen Charme längst abgelegt hatten, ein Milieu, mit dem ich bis dahin noch keinen Kontakt gehabt hatte. Noch prägender war meine harte körperliche Arbeit bei der BASF in Ludwigshafen. Ein ganzer Betrieb für Braunoxid lief dort fast nur mit Werkstudenten und einigen Gastarbeitern. Da er nur während der Semesterferien stattfand, waren die Einrichtungen nicht modernisiert worden und beruhten weitgehend auf menschlicher Muskelkraft. Dazu gab es immer wieder Gasalarm, weil die Produktion zeitweise giftige Gase freisetzte. Man arbeitete in Wechselschicht jeweils 12 Stunden tags- und dann nachtsüber, bei Nacht mit Verpflegung aus dem Henkelmann. Braunoxid ging auch unter die Haut, wo man die braune Farbe nicht mehr abwaschen, sondern nur mit der Zeit ausschwitzen konnte. Da es Akkordarbeit war, versuchten wir, etwas früher fertig zu werden, um uns dann irgendwo auf einige Säcke hinzuhauen, während die wenigen echten Arbeiter unter uns um Geld Skat spielten oder von ihren Schrebergärten erzählten. Die Duschen hingen offen von der Decke, ohne dass es dafür Kabinen gab. Morgens kamen das kalte Bier und die BILD. Damals gab es noch echte Lohntüten, in denen Bargeld eingepackt war. Seit dieser ziemlich erschöpfenden Erfahrung habe ich viel Verständnis für Menschen, die Tag aus Tag ein körperlich hart arbeiten müssen und sich dem Rentenalter entgegensehnen, das die Bundesregierung nun immer weiter hinausschiebt.

 Den „Sozialismus" der DDR habe ich von einigen Besuchen her und vor allem bei der Durchreise durch die DDR von Westberlin nach Westdeutschland sehr persönlich erfahren. Bei den Grenzkontrollen wurde man oft regelrecht schikaniert. Jedes Stückchen Papier im Auto konnte Verdacht erregen, jede westliche Zeitung musste vorher entfernt werden. Wartezeiten von vielen Stunden waren keine Seltenheit. Oft besuchte ich, weil in Grenznähe lebend, die martialischen Grenzanlagen. Als ich Westberlin Anfangs der sechziger Jahre verliess und mein geringes Hab und Gut in einer Isetta verstaut hatte, verlangten die DDR-Beamten totales Auspacken und gingen selbst noch durch die Briefe meiner verstorbenen Eltern. Erst später erfuhr ich, dass es in der DDR mehr Spitzel als selbst im Dritten Reich gegeben hatte.

Ich räume gerne ein: Meine eigene soziale Erfahrung und die hier berichtete historische haben mich für beide Themen empfindlich gemacht. Diese Empfindlichkeit ist aber auch zu einer wirkungsvollen Triebfeder für meine Bücher und Rundbriefe geworden.

Anhang: Zwei Rundbriefe

global news 13-04-05: China

China hat nach jetzt veröffentlichten Angaben des IIF Washington 2004 einen stark gestiegenen Leistungsbilanzüberschuss in der Grössenordnung von 70 Mrd. $ erzielt. Die Handelsbilanz war im ersten Quartal 2005 bereits mit 23 Mrd. $ im Plus, bei einem Exportzuwachs um 35% (!) gegenüber Vorjahreszeitraum; dabei konkurriert China zunehmend mit weit ärmeren Entwicklungsländern, z.B. bei Textilexporten. Die Aussenhandelsbilanz mit der EU von 2004 zeigte ebenfalls einen chinesischen Rekordüberschuss von 80 Mrd. Euro. Beigetragen hat dazu die durch die Bindung an den Dollar bedingte kontinuierliche Abwertung des chinesischen Yuan/Remimbi gegenüber dem Euro seit 2001.

global news 3560 25-01-17: Globalisierung und Trump: Das Entsetzen der Täter

Trumps Worte bei der Amtseinführung werden noch lange in den Ohren derer hallen, die mit ihrer unüberlegten und nur auf den eigenen Vorteil bedachten kurzfristigen Politik hemmungsloser Globalisierung am Ende einen Trump als "antiglobales" Ungeheuer geschaffen haben:

"From this moment on, it's going to be America First. Every decision on trade, on taxes, on immigration, on foreign affairs, will be made to benefit American workers and American families. We must protect our borders from the ravages of other countries making our products, stealing our companies, and destroying our jobs. We will follow two simple rules: buy American and hire American."

Es sind die Täter dieser unverantwortlichen Globalisierung, die sich nun mit lauten Klagen über Trump von ihren eigenen Taten reinzuwaschen versuchen. Seit dem Ende des Kommunismus haben sie ihre Macht einseitig und brutal ausgenützt, oft sich selbst bereichert und eine in fast allen Ländern immer weiter zunehmende Ungleichheit produziert. Hier ist die Spur einiger ihrer bösen Taten und, wenn es Täternationen gibt, rangiert Deutschland mit ganz vorne:

Zwischen 1900 und 1950 war der Weltexport nur im selben Rhythmus wie die Industrieproduktion der Welt gewachsen und noch bis etwa 1990 war die Entwicklung relativ mässig, dann aber kam nach dem Mauerfall und dem Aufreissen aller Grenzen für Waren und Finanzen bis nach China der Boom. In Währungen wird nun an jedem einzelnen Tag so viel spekuliert, wie die gesamte Weltwirtschaft in mehr als drei Wochen an Wirtschaftsleistung erzeugt, oder die deutsche in mehr als eineinhalb Jahren.

Deutschland hat seine Exporte als Anteil am BIP seit 1990 um 48 % gesteigert. Dabei verdoppelte sich der Aussenhandelsüberschuss. Deutschland und vor allem seine Regierung und selbst die Gewerkschaften sangen euphorisch das Triumpf-Lied vom Exportweltmeister (bis China übernahm). Die Leistungsbilanz, die alle Posten mit dem Ausland umfasst, erreichte 2015 nicht weniger als 8,5 % der gesamten deutschen Wirtschaftsleistung, während es 1991 noch 0,7 % gewesen waren. So viel seiner Wirtschaftsleistung gehen nun

Jahr für Jahr auf das Konto der Exportüberschüsse. Deutschland hat unter den grossen Ländern und weit vor China den grössten Aussenbeitrag an seiner Wirtschaftsleistung. In entsprechendem Umfang werden ständig bei den Handelspartnern Jobs geklaut.

Besonders stark entwickelte sich der deutsche Handelsbilanzüberschuss mit den USA und erreichte 2015 fast 2 % der deutschen Wirtschaftsleistung. Nur mit China haben die USA ein noch grösseres Handelsbilanzdefizit. Die deutsche Automobilindustrie, der deutsche Hauptexportträger nach USA, ist neuerdings dazu übergegangen, zu niedrigen Kosten in Mexiko zu produzieren und dann von dort in die USA zu exportieren, wie sie das schon längst von Billigstandorten in Osteuropa für den Export nach Westeuropa tut. Da wird in der Tat auch ohne Trump mit Feuer gespielt. Wer so spielt, hat die Basis von Fairness im internationalen Handel längst verlassen und sollte sich über Trump nicht beklagen dürfen. Ein System, wo sich die Multis brutal und egoistisch die unsozialsten Standorte aussuchen und von dort überall hin exportieren können, muss am Ende Trumps produzieren.

Auch sonst war Deutschland immer in der Führungstruppe der neoliberalen Globalisierung. Die Bundesregierungen gehörten zu den besonderen Dränglern bei der Aufnahme der Staatswirtschaft Chinas in das marktwirtschaftliche Handelssystem, bei der Ost-Erweiterungen der EU, bei jeder der Handelsrunden im GATT und später der WTO sowie bei den angestrebten Handelsabkommen mit Kanada und mit den USA, das mit Trump keine Chancen mehr hat. Deutschland hat ausserdem schon sehr früh mit den Gastarbeitern die globale Immigration für billige Arbeitskräfte angeschoben und hat heute einen Anteil an Bevölkerung, die nicht in Deutschland geboren wurde, der noch über klassischen Einwanderungsländern, wie USA und Grossbritannien, liegt. Selbst die von der Bundesregierung mit einer weit übertriebenen Willkommenskultur angeschobene Immigrationswelle aus islamischen Ländern wurde als angeblicher Ersatz für demographisch ausfallende deutsche Arbeitskräfte begrüsst und von Merkel als "eine historische Bewährungsaufgabe in Zeiten der Globalisierung" bezeichnet.

Die Spuren der extrem globalen Ausrichtung unseres Landes zeigen sich in den Sozialstrukturen. Der Anteil der obersten 10 % der Haushalte am Gesamteinkommen liegt nur noch in USA, Japan und Kanada höher. Und beim obersten 1 % rangiert Deutschland nach den USA und Grossbritannien auf dem dritten Platz. Andererseits ist das Armutsrisiko relativ hoch, und das selbst unter Menschen mit Arbeit; nur in den Eurokrisenländern ist es noch höher. Das mittlere Vermögen, das die obere Hälfte von der unteren der Haushalte trennt, ist in Deutschland das niedrigste der Eurozone. Nicht überraschend hat Deutschland unter westlichen Industrieländern die höchste Rate an kinderlosen Frauen, auch das teilweise durch den Druck aus der Globalisierung bedingt, wobei Kinderlosigkeit in Deutschland vor allem in ärmeren Haushalten auftritt.

Brexit und Trump waren als Ergebnis der neoliberalen Globalisierung keine Überraschung. Eine ähnliche Entwicklung war seit vielen Jahren vorauszusehen. Auch ich habe schon seit 12 Jahren immer wieder vor den Auswüchsen dieser Entwicklung gewarnt. Es ist höchste Zeit, dass Deutschland sein verhängnisvolles weil total einseitig exportorientiertes Wirtschaftsmodell ändert. Bisher allerdings begreifen das weder die Bundesregierung, noch die deutsche Wirtschaft, noch die deutschen Gewerkschaften. Mit Sprüchen zu Trump, wie "Selbst bei unterschiedlichen Meinungen sind Kompromisse immer dann am besten zu finden, wenn man sich im Respekt miteinander austauscht" (Merkel) oder "Der meint das wirklich ernst, und ich glaube, wir müssen uns warm anziehen" (Gabriel), wird das nicht getan sein. Ausserdem kann die Bundesregierung bei einem Handelskrieg mit den USA wenig Solidarität ihrer europäischen Partner erwarten, die selbst seit vielen Jahren unter dem Handelsfeldzug Deutschlands leiden.